# CHAKREN

Titel der Originalausgabe: *In Focus Chakra Healing*


www.librero-ibp.com

Ursprünglich 2019 herausgegeben von Wellfleet Press, einem Imprint von The Quarto Group


Layout: Ashley Prine, Tandem Books

Übersetzung aus dem Englischen:
Peter Simon, Wien
Redaktion und Satz der deutschen Ausgabe:
Print Company Verlagsges.m.b.H., Wien

Printed in China

ISBN: 978-94-6359-562-9

# CHAKREN

## Ein persönlicher Ratgeber

Roberta Vernon

Librero

# INHALT

# EINLEITUNG

Dieses Buch gliedert sich in zwei Teile. Im ersten geht es darum, was Chakren sind und wie man erkennt, ob es Probleme mit ihnen gibt. Im zweiten werden verschiedene Methoden zur Heilung von Chakren untersucht.

Chakra-Heilung ist keine spezifische Therapie. Sie bedient sich vielmehr einiger Techniken, die auf die Chakren wirken. Jedes Chakra bezieht sich auf bestimmte gesundheitliche, emotionale oder spirituelle Zustände. Die Herausforderung besteht darin, Methoden zu finden, die positive Veränderungen im Chakra-System bewirken, ohne dabei Schaden anzurichten.

Wenn Sie krank oder verletzt sind, müssen Sie zu einem Arzt, einem Chirurgen, einem anderen Spezialisten oder ins Krankenhaus gehen und sich schulmedizinisch behandeln lassen. Vertrauen Sie Ihrem gesunden Hausverstand. Einige komplementäre Therapien können Ihren Körper bei der Genesung unterstützen und andere helfen Ihnen, sich zu entspannen. Viele dieser Methoden können auf die Chakren gerichtet werden, und dadurch können körperliche Beschwerden und emotionale Probleme über das Chakrensystem behandelt werden.

Informieren Sie Ihren Arzt über alle ergänzenden Therapien, die Sie neben einer schulmedizinischen Behandlung anwenden, insbesondere solche wie Homöopathie, Kräuterbehandlungen und Aromatherapie, bei denen Stoffe in den Körper gelangen.

## Heilmethoden in diesem Buch

Es gibt viele Methoden zur Heilung von Chakren, z.B. Kristallheilung oder Reiki. Chakren reagieren auch gut auf Farbheilung, wenn man beispielsweise Tücher um die Schultern eines Klienten wickelt, während er seinen Geistführer bittet, ihm sein Problem zu nehmen. Farbiges Papier, Bänder, Kristalle und vieles mehr können direkt auf die Chakren gelegt werden, entweder in einer Farbe, die mit dem Chakra verbunden ist, um einen Energieschub zu geben, oder in sehr blassem Blau oder Weiß, um die Chakren zu beruhigen. Wenn der Heiler dann weißes Licht aus dem Universum herunterbringt, bringt es die heilenden Farben dazu, in die Chakren einzudringen.

Eine Aromatherapie -Massage hilft, die Chakren zu heilen, man kann aber auch Essenzen in die Luft bringen, indem man sie in einem Diffusor verbrennt. Die Herausforderung besteht darin, eine Essenz auszuwählen, die für das kranke Chakra geeignet ist, wie Moschus zum Aktivieren eines trägen Basischakras oder Blütenduft, um ein beschädigtes Herzchakra zu beruhigen. Man kann auch eine Blütenessenz auf ein bestimmtes Chakra legen, um es zu beleben oder zu beruhigen.

### ALTERNATIVE THERAPIEN

Eine *Alternative* ist etwas, das »an Stelle« der üblichen Methoden steht. Bei medizinischen Behandlungen wird es immer Leute geben, die die alternative Methode anstelle der herkömmlichen wählen. Ein gutes Beispiel ist eine Person, die zu einem Spezialisten für chinesische Medizin geht.

### KOMPLEMENTÄRE THERAPIEN

*Komplementär* bedeutet, »neben« der Schulmedizin zu arbeiten, anstatt sie zu ersetzen. Heutzutage gibt es viele ganzheitliche Therapeuten, die in Krankenhäusern neben konventionellen Ärzten arbeiten. Die meisten der in diesem Buch skizzierten Konzepte gehören in diese Kategorie.

### ENERGIEHEILUNG

Diese Art der Behandlung kann sehr hilfreich sein. Sie wirkt durch die Aura und das Nervensystem und durch die Chakren. Wenn es sich um eine schwere Krankheit handelt, reicht sie nicht aus, aber sie beschleunigt die Genesung, sie ist nicht invasiv und kann aus der Ferne erfolgen.

## Bemerkungen zur Sprache

In diesem Buch beziehe ich mich normalerweise auf die Person, die Heilung als *Heiler* gibt, aber die Person auf der empfangenden Seite könnte der *Klient* oder *Empfänger* und gelegentlich der *Patient* sein. Ich nenne Menschen auch *Subjekte, Individuen* und *Personen* oder *Leute*, abhängig von den Umständen. Wenn ich über Menschen im Singular sprechen muss, benutze ich die Worte *er* und *ihm* oder *ihn*, um zu verhindern, dass die Sprache zu umständlich wird.

Therapien, die über die Aura oder die Meridiane an die Chakren gelangen, können in Form von Massagen, Akupunktur, Akupressur, Emotional Freedom Technique oder (mein persönlicher Favorit) Reflexzonenmassage helfen, Beschwerden zu heilen.

Die Verwendung von buddhistischen, christlichen, jüdischen, wiccanischen, hinduistischen oder anderen Formen des Chantings kann hilfreich sein, ebenso Affirmationen, Mantras oder einfache Klänge, wenn sie nicht disharmonisch sind. Die Kombination mit einer erholsamen Meditation könnte genau das Richtige sein, um ein leicht blockiertes Chakra zu öffnen und einem zu helfen, klar zu denken.

Wenn Sie dieses Buch als Referenz verwenden, können Sie sich mit gesundheitlichen oder emotionalen Belangen befassen, die mit jedem Chakra verbunden sind, und Sie können ihre bevorzugte Heilmethode wählen.

TEIL I

# DIE CHAKREN

1

# ALLES ÜBER CHAKREN

## Geschichte der Chakren

Das Wort Chakra kommt aus dem Sanskrit und bedeutet »Rad«. Das Chakra-System stammt aus Indien und wird in vier heiligen Büchern von vor 2500 v. Chr. erwähnt. Frühere Hinweise erscheinen in älteren Schriften, den Upanishaden. Das System wurde in den Hinduismus und Buddhismus integriert und breitete sich auf China und den Westen aus. In der vedischen (hinduistischen) Tradition sind die Chakren mit dem Gott Vishnu verbunden.

Die 1875 in England gegründete Theosophische Gesellschaft fördert die universelle Bruderschaft ohne Unterschied von Rasse, Religion, Farbe, Geschlecht oder sozialem Hintergrund. Sie basiert auf der Erkenntnis, dass das Leben in all seinen verschiedenen Formen, menschlich und nichtmenschlich, unsichtbar Eins ist. Die Theosophen erforschten viele östliche Ideen, einschließlich der Chakren, und erarbeiteten ihre eigenen Konzepte dazu. Moderne indische Schüler des Chakra-Systems stimmen weitgehend mit den Ideen der Theosophen überein.

Die New-Age-Bewegung, zuerst 1968 in den USA und später in Großbritannien und Europa, grub viele dieser alten Konzepte wieder aus. Einige dieser Ideen, einschließlich der Chakren, sind nach wie vor aktuell.

Andere Traditionen beziehen sich auf Zusammenhänge im Körper, wie das chinesische Meridiansystem (Linien von Energie, die einen Teil des Körpers mit einem anderen verbinden), das in der Akupunktur und ihren Ablegern Akupressur und Reflexzonenmassage verwendet wird. Die Aura ist eine subtile Energie, die den Körper in Schichten umgibt. Es gibt sogar einige Ähnlichkeiten zwischen dem Chakra-System und der Kabala und den Ideen, die im islamischen Sufismus enthalten sind.

## Was ist ein Chakra?

Ein Chakra ist ein Energiezentrum im Körper, in dem Energie fließt, aber auch durch sein Zentrum. Es gibt sieben Hauptchakren im Körper. Das hinduistische Bild eines Chakras besteht aus zwei Kegeln, die an den spitzen oder schmalen Enden miteinander verbunden sind, mit dem breiten Ende einer Kegelöffnung vorne am Körper und der anderen Öffnung hinten. Wenn das Kegelbild für dich zu unbeholfen ist, stelle dir die Chakren als Röhren vor, die durch den Körper gehen.

Die Chakren überwachen die Temperatur und Stimmung um uns herum und zeigen uns an, wann es zu heiß, zu kalt, zu nass oder zu trocken ist. Sie verbinden sich mit den Elementen Feuer, Erde, Luft und Wasser und halten unsere Körperfunktionen in Balance mit Welt um uns herum. Sie sagen uns, ob sich ein Ort für uns richtig anfühlt oder uns unangenehm ist, ob die Menschen, mit denen wir zusammen sind, uns vielleicht angreifen werden oder nicht. Sie warnen uns nicht nur vor Räubern oder Dieben, sondern sagen uns, ob wir uns mit Kollegen oder Geschäftspartnern wohl fühlen oder nicht. Einfach ausgedrückt, die Chakren sind ein sechster Sinn, der uns sagt, ob wir kämpfen oder fliehen sollen.

Auf einer praktischen Ebene sind die Chakren mit dem Zustand unseres Körpers und unseres Geistes verbunden. Wenn ein Chakra teilweise oder vollständig blockiert oder falsch ausgerichtet ist, kann es unsere Gesundheit beeinträchtigen. Gemäß dem alten lateinischen Spruch *mens sana in corpore sano* , »ein gesunder Geist in einem gesunden Körper« bedeutet das, dass schöne klare Chakren Geist und Körper helfen, richtig zu funktionieren.

### Die drei Ebenen

- Auf der ersten Ebene ist das Chakra-System mit dem physischen Körper verbunden und behandelt Dinge wie Gesundheit, Stärke, Krankheit, Schwäche und Unbehagen.

- Die zweite Ebene verbindet sich mit dem Geist, dem Intellekt und dem Ego, zusammen mit den Konzepten von Intuition und Sinn. Diese Ebene sagt uns, dass etwas nicht stimmt, oder warnt uns davor, dass jemand anderes krank wird.

- Die höchste Ebene bezieht sich auf unsere spirituelle Natur, die uns erlaubt, das Universum oder den Allmächtigen zu kontaktieren und seelisch und medial mit unseren spirituellen Führern in Kontakt zu kommen. Diese Ebene kann uns helfen, das vergangene und zukünftige Leben anderer Menschen zu erschließen und die Natur und Persönlichkeit anderer zu verstehen.

Chakren sind nicht im Röntgen oder MRT sichtbar, aber sie sind Teil des menschlichen Körpers so wie die Aura. Man nimmt an, dass Chakren in den Körpern aller Lebewesen existieren. Wer je gesehen hat, wie gut Tiere auf Energieheilung und komplementäre Therapien ansprechen, wird das verstehen.

Die Chakren sind verbunden mit dem endokrinen System und den Nervenganglien, die entlang der Wirbelsäule liegen, und mit den Drüsen, die uns mit den Hormonen versorgen, die wir für das Leben und für die Gesundheit benötigen. Sie überwachen die Welt um uns herum, überprüfen Licht, Wärme, Klänge, Gerüche, Geschmack, Wohlbefinden und Unbehagen, in Bezug auf die fünf traditionell anerkannten Sinne und die verborgenen Sinne der Intuition und Spiritualität. Die Chakren spüren Veränderungen in Wetter und Luftdruck und lassen uns wissen, wenn unsere Umgebung unangenehm oder sogar unsicher wird. Sie sind Teil unseres Überlebenssystems.

Deshalb kann ein Chakra, wenn es teilweise oder vollständig blockiert, zu offen oder falsch ausgerichtet ist, unseren Geisteszustand und unsere Gesundheit beeinflussen. Ein paar schlecht funktionierende Chakren können sogar unseren Überlebensmechanismus oder unsere Fähigkeit, Gefahren rechtzeitig zu erkennen, beeinflussen. Daher ist es wichtig, die Chakren zu überprüfen und zu heilen.

## Chakren und Aura

Die Aura umgibt in Form von Schichten jeden Menschen und wahrscheinlich auch alle Tiere. Sie ist so etwas wie ein elektromagnetisches Feld, aber auch wiederum nicht. Wer mit Chakren arbeitet, kann auch mit der Aura arbeiten. Man sagt, dass man nichts über die Chakren lernen kann oder nicht versuchen soll, sie zu heilen, ohne die Aura zu kennen und mit ihr zu arbeiten. Doch die Aura ist ein großes Thema für sich, also werde ich nur dort darauf eingehen, wo es unabdingbar ist.

## Chakren und Religion

Chakren sind *keine* Frage von Glauben oder der Religion, und sie machen ihre Arbeit, auch wenn wir uns weigern zu glauben, dass Chakren existieren. Wenn wir jedoch andere heilen wollen, ergibt es Sinn, an die Existenz der Chakren zu glauben und zu verstehen, wie sie funktionieren.

## Wie viele Chakren gibt es?

Die Tradition sagt, dass es 78 000 Chakren gibt, aber das ist eine Zahl, mit der man nicht arbeiten kann, wir beschränken uns daher auf die sieben wichtigsten plus eine Reihe von kleineren, die es wert sind, von Zeit zu Zeit beachtet zu werden. Die zusätzlichen Chakren lassen sich in drei Kategorien einteilen:

1. Zwei der sieben Hauptchakren sind doppelt, wobei eines über dem anderen liegt.
2. Mehrere Chakren sind über dem Scheitel des Kopfes angeordnet.
3. Andere wichtige und aktive Chakren, liegen in den Händen, Schultern, Brustdrüsen, Hüften und Füßen.

## Die sieben Hauptchakren

Es gibt einige Diskrepanzen bei den Namen der Chakren und auch einige Verwechslungen, zum Beispiel von Sakral- und Solarplexus-Chakra. Es ist aber egal, wie man sie nennt, weil sie unter jeder Bezeichnung funktionieren.

1. Das Basischakra, auch bekannt als Wurzelchakra
2. Das Sakralchakra
3. Das Solarplexus-Chakra
4. Das Herzchakra
5. Das Halschakra
6. Das Stirnchakra, auch als drittes Auge bekannt
7. Das Scheitelchakra

## Funktionen und Assoziationen

Dies ist das Herz der Chakra-Methode, es zeigt uns, wofür jedes Chakra entwickelt wurde. Jedes Chakra reflektiert Licht und Energie, was seine eigene Bedeutung hat. Die Organisation arbeitet so:

### Blumenbilder

Außer als Kegeln oder Röhren können die Chakren durch Blumenbilder dargestellt werden und es gibt viele davon, je nachdem, welche Tradition man bevorzugt. Die indische Tradition verwendet stilisierte Bilder von Lotosblütenblättern in folgender Form:

**Das Basis- (oder Wurzel-) Chakra** symbolisiert Überlebensinstinkte, Sicherheit, Erdung und Ernährung auf einer grundlegenden Erdebene.

**Das Sakralchakra** ist mit Emotionen, Sex und Kreativität verbunden.

**Das Solarplexus-Chakra** ist mit Willensstärke, persönlicher Stärke, Geist und Intellekt verbunden.

**Das Herzchakra** hängt mit Mitgefühl, Beziehungen und bedingungsloser Liebe zusammen.

**Das Halschakra** hat mit Kommunikation, Wahrheit und Kreativität zu tun.

**Das Stirnchakra** hängt mit übersinnlicher Wahrnehmung, innerer Weisheit, Intuition und Hellseherei zusammen.

**Das Scheitelchakra** ist mit Spiritualität, dem Universum und der Beziehung mit Gottheiten und dem höheren Bewusstsein verbunden.

| Chakra | Symbol | Anzahl der Blütenblätter |
|---|---|---|
| Basischakra |  | vier Blütenblätter |
| Sakralchakra |  | sechs Blütenblätter |
| Solarplexus-Chakra |  | zehn Blütenblätter |
| Herzchakra |  | zwölf Blütenblätter |
| Halschakra |  | sechzehn Blütenblätter |
| Stirnchakra |  | ein Blütenblatt auf jeder Seite eines Kreises |
| Scheitelchakra |  | Hunderte von Blütenblättern |

In den USA oder Großbritannien verwendet man vielleicht andere Bilder. Manche Menschen verwenden ein mentales Bild der Blumen anstelle von Kegeln oder Röhren, und während Puristen sagen würden, dass das falsch ist, funktionieren die Chakren unabhängig davon, wie man sie sich vorstellt. Das Folgende ist meine eigene Version eines Systems, das von einigen britischen Spiritualisten verwendet wird.

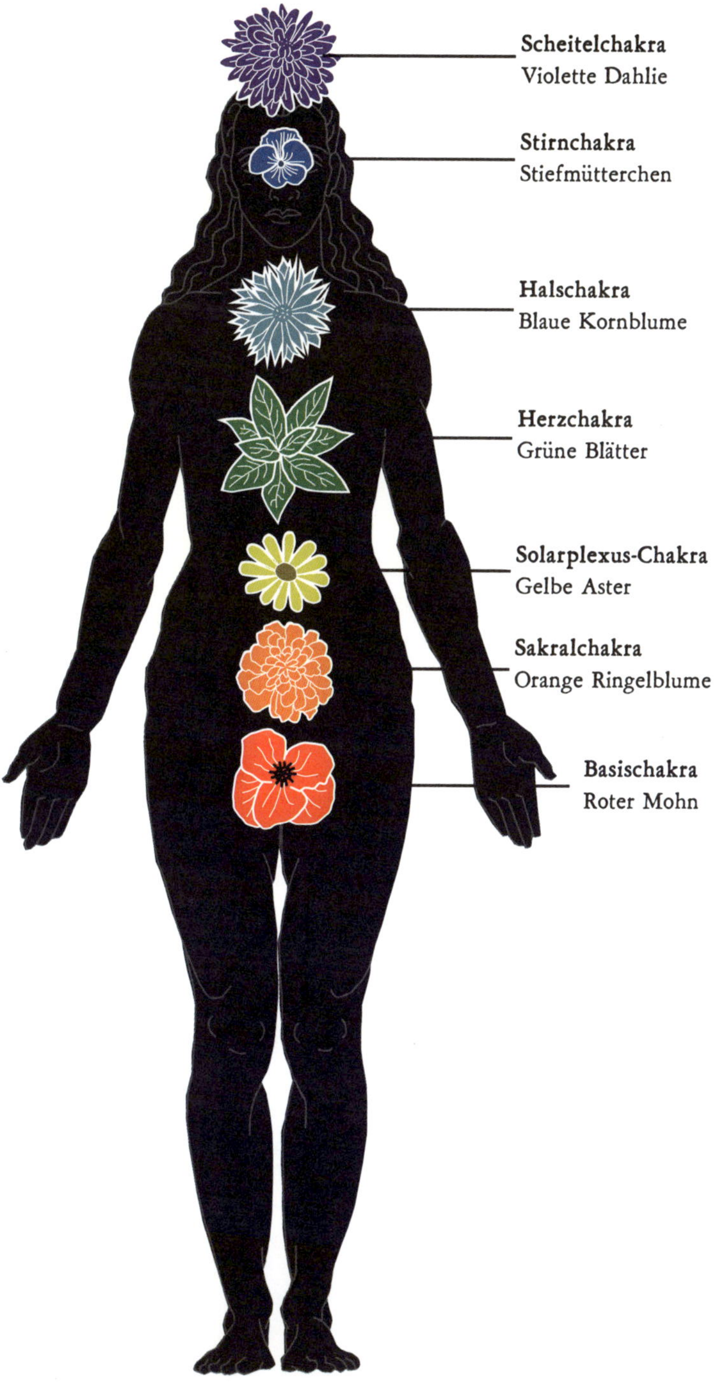
**Scheitelchakra**
Violette Dahlie
**Stirnchakra**
Stiefmütterchen
**Halschakra**
Blaue Kornblume
**Herzchakra**
Grüne Blätter
**Solarplexus-Chakra**
Gelbe Aster
**Sakralchakra**
Orange Ringelblume
**Basischakra**
Roter Mohn

## Chakren und Farben

Das Wichtigste ist das Farbsystem, da es den Chakren innewohnt. Natürlich gab es im Laufe der Jahrhunderte Meinungsverschiedenheiten darüber und es gibt Variationen in verschiedenen Teilen der Welt. Das westliche System basiert auf den Farben des Regenbogens, mit einigen Ergänzungen, wo das notwendig ist.

| Chakrafarben | |
|---|---|
| | Scheitel: Violett |
| | Stirn: Indigo |
| | Hals: Hellblau oder Türkis |
| | Herz: Grün |
| | Solarplexus: Gelb |
| | Sakral: Orange |
| | Basis: Rot |

Einige Systeme verwenden die sieben Farben des Regenbogens und fügen weitere Chakren hinzu, die vom Scheitel aufsteigen, diese werden als weiß bezeichnet.

## Kundalini

Eine Theorie besagt, dass die sieben Hauptchakren durch eine Energiequelle namens Kundalini in Bewegung gesetzt werden. Diese Energie kommt von einer mystischen Schlange, die im Becken am Ende der Wirbelsäule zusammengerollt liegt. Wenn sie aktiviert wird, richtet sie sich auf und berührt ein Chakra auf der einen Seite und das folgende auf der anderen Seite. So nutzt sie ihren schlangenförmigen Körper, um Reibung zu erzeugen, die das erste Chakra in eine Richtung und das nächste in die andere Richtung dreht und so weiter. Es spielt keine Rolle, ob man das Bild der Kundalini-Schlange mag oder nicht, das Chakra-System funktioniert unabhängig davon. Die Chakren sind immer aktiv, so wie die menschliche Aura, sie brauchen für gewöhnliche Zwecke keinen Anstoß.

In außergewöhnliche Situationen kann das Erwachen der Kundalini eine Reihe seltsamer Erfahrungen auslösen, die Veränderungen im physischen Körper, dem emotionalen Zustand und der psychischen Fähigkeit verursachen könnten. Die plötzliche Freisetzung von Energie kann in einigen Bereichen des Körpers Stress verursachen oder in Psyche, Herz und Geist seltsame Visionen, Frösteln oder andere eigenartige Empfindungen auslösen. Wenn man beabsichtigt, intensive spirituelle Meditationen oder Rituale durchzuführen, sollte man das gemeinsam mit einer sachkundigen Person tun.

Kundalini ist die Kraft, die uns mit der Erde unter unseren Füßen und dem Himmel über unseren Köpfen verbindet. Sie bringt plötzliche Erleuchtung und kann Gefühle der Ekstase hervorrufen, wie sie Menschen erleben, wenn sie bestimmte schamanische Rituale durchführen. Es kann durch Yoga, Meditation und durch Öffnen der Chakren aktiviert werden.

Wenn einem die Idee nicht behagt, dass der Körper von einer Schlange bewohnt wird, kann man sich Kundalini als Rauch vorstellen, der aus einem Feuer aufsteigt und an den rotierenden Trommeln der Chakren vorbeizieht.

## Astrologie

Schon lange bevor Teleskope erfunden wurden, kannte man sieben Himmelskörper: Sonne, Mond, Merkur, Venus, Mars, Jupiter und Saturn. Im Laufe der Jahrhunderte versuchte man viele verschiedene Verbindungen zwischen den Planeten und den Chakren zu zeigen, und für jede gibt es eine überzeugende Erklärung. Die folgende Tabelle zeigt eine heute allgemein anerkannte Verbindung zwischen den Chakren und dem, was Astrologen »die Planeten« nennen, also was Sonne, Mond, Merkur, Venus, Mars, Jupiter und Saturn bedeuten und wie die Chakren mit den Planeten und Sternzeichen verbunden sind.

| Chakra | Planet | Verbindung | Sternzeichen |
|---|---|---|---|
| Basis | Mars | Grundbedürfnisse | Widder, Skorpion |
| Sakral | Mond | Beziehungen | Krebs |
| Solarplexus | Sonne | Energie, Wille | Löwe |
| Herz | Venus | Bedingungslose Liebe | Stier, Waage |
| Hals | Merkur | Kommunikation | Zwillinge, Jungfrau |
| Stirn | Jupiter | Lernen, Entwicklung | Schütze, Fische |
| Scheitel | Saturn | Verbindung zum Universum | Steinbock, Wassermann |

### Ältere Assoziationen

Vishnu wird mit den Galaxien und den Sternen assoziiert und mit dem Studium der Astronomie und der Astrologie. Früher waren Astronomen auch Astrologen und umgekehrt.

## Psychologie

Jedes der sieben Hauptchakren ist mit einem anderen Aspekt des Charakters und der Persönlichkeit eines Menschen verbunden. Wenn also ein Chakra schwach oder beschädigt wird, kann es die anderen stören. Wenn ein Heiler ein falsch ausgerichtetes oder blockiertes Chakra behandelt, hilft das allen anderen Chakren und kann sich überraschend positiv auf die Natur des Patienten und die Art und Weise, wie er sein Leben gestaltet, auswirken.

## Seele

Einige Traditionen sagen, dass die Seele im Scheitelchakra wohnt, andere, dass sie in alle Chakren vom Solarplexus aufwärts liegt. Ein blockiertes Chakra hat jedenfalls Auswirkungen auf die Chakren darüber.

## Warnhinweise

Gehen Sie *immer* mit den besten Absichten für sich selbst und für diejenigen, die Sie heilen möchten vor. Schlechte Wünsche kommen immer zu der Person zurück, die sie geschickt hat, und wahrscheinlich schlimmer als ursprünglich beabsichtigt.

Halten sie sich nicht für besser als andere Menschen,oder besser als die Person, die Sie heilen möchten. Das Ego verdrängt die Spiritualität, und die Heilung hört auf zu wirken.

❋ ❋ ❋

2

# HAUPTCHAKREN

Es gibt sieben Hauptchakren, die sich vom unteren Ende der Wirbelsäule bis zum Scheitel aneinanderreihen, wobei jedes Chakra von vorne nach hinten durch den Körper verläuft. Jedes dreht sich in eine andere Richtung als das darüber und darunter. Es gibt leichte Variationen über das Hauptchakra-Thema gibt, wobei einige Systeme das Herzchakra und das Stirnchakra in zwei Teile teilen, worauf wir etwas später eingehen werden. Die Tierkreiszeichen, die hier für die Chakren gezeigt werden, sind nicht die gleichen wie die in der Astrologie, obwohl die Planeten mit den Chakren verbunden sind. Das Herzchakra zum Beispiel ist mit dem Wolf verbunden, aber der Planet für dieses Chakra ist Venus, die die Astrologie mit dem Stier assoziiert.

## Basischakra

### Details

**Position:** Ende der Wirbelsäule
**Hauptfunktion:** Überleben, Leben
**Körperregion:** Beine, Unterkörper
**Drüse:** Adrenalin
**Sinn:** Geruch

### Hauptideen

**Positiv:** Sicherheit
**Negativ:** Angst, Unsicherheit

### Position

Das Basis- oder Wurzelchakra befindet sich am Ende der Wirbelsäule und durchzieht den Körper von vorne nach hinten. Es beherrscht Hüften, Oberschenkel, Beine und Füße. Wer im spirituellen Bereich arbeitet oder regelmäßig meditiert, möchten sich vielleicht erden, indem er das Basischakra mit der Erde verbindet, und sich vorstellt, dass die Wirbelsäule eine Wurzel nach unten ausstreckt, sodass sie in die Erde geht, oder mental Wurzeln von den Fußsohlen nach unten sendet.

## Themen des Basischakras

Dieses Chakra befasst sich mit den Grundbedürfnissen von Nahrung, Kleidung und Schutz und ist instinktiv im Gegensatz zu emotional, mental oder spirituell, weil es um das Überleben geht. Das Basischakra wird aktiv, wenn etwas oder jemand unser Glück oder sogar unser Leben bedroht. Wenn wir uns beispielsweise unwohl fühlen bei dem Gedanken, an einen bestimmten Ort zu gehen oder in Gesellschaft einer bestimmten Person zu sein, kommt die Botschaft vom Basischakra und wir sollten darauf achten. Beim Handlesen zeigt das Basischakra eine Verbindung mit der Lebenslinie dem Überleben. Das Basischakra gibt uns unser Bewusstsein für die Welt um uns herum, unseren Platz auf der Erde und in der Gesellschaft. Es regelt das Bedürfnis nach praktischer Sicherheit, und wenn Gefahr droht, schießt das mit diesem Chakra verbundene Adrenalin ein und gibt uns den Instinkt für Kampf oder Flucht.

Der Yang- oder männliche Aspekt dieses Chakras ist wichtig, wenn es um männliche sexuelle Aktivität geht, da das Chakra durch den Genitalbereich verläuft. Es ist mit dem kriegerischen Planeten Mars verbunden, was es selbstbewusst männlich macht, aber seltsamerweise ist es auch mit Schwangerschaft und Geburt verbunden.

Das Basischakra bezieht sich auf die Vergangenheit, unseren Hintergrund, unsere Familiengeschichte, unseren Ruf und unsere Beziehung zu unserer Mutter. Unsere Kindheitserfahrungen, das frühe Schulleben und die frühen Jahre im Allgemeinen werden vom Basischakra beherrscht. Dieses Chakra betrifft das Zuhause, zusammen mit Sicherheit und Abgeschiedenheit, und es stellt eine Basis dar, von der aus wir uns hinauswagen.

Psychologisch bezieht sich das Basischakra auf Ereignisse, die sich ereigneten, während wir noch im Mutterleib waren und während der ersten sechs Monate unseres Lebens. Schauen wir auf die Ereignisse dieser Zeit zurück, um ein besseres Verständnis für unsere Probleme zu bekommen.

Dieses Chakra ist der Ort der schlafenden Kundalini, sein Erwachen und der Beginn seiner Aufwärtsreisestellen den Beginn der Suche nach dem Göttlichen dar.

## Ausgeglichenes Basischakra

Hier findet man sichere Hände, die mit Bau, Zimmerei, Elektro- und Sanitärarbeiten, Maschinenbau und Gartenarbeit gut zurechtkommen. Personen mit einem gesunden Basischakra haben gesunden Menschenverstand, Geld auf der Bank und bedienen ihre Hypothek regelmäßig. Sie arbeiten hart und können Dinge herstellen, die andere kaufen möchten. Alternativ können sie im Finanzbereich bei Versicherungen, Banken oder Immobilien arbeiten. Das Basischakra beherrscht den Beruf und moderne Konzepte des Überlebens, die notwendig sind, um den Lebensunterhalt verdienen zu können. So jemand wird es mit der Zeit wahrscheinlich zu Wohlstand bringen.

Solche Leute kümmern sich tief um ihre Lieben und sie verlassen sie nicht leichtfertig. Wenn etwas Schlimmes passiert, wird jemand mit starkem Basischakra einen Weg finden, damit fertig zu werden. Er könnte in der Armee oder als Feuerwehrmann, Polizist oder Sicherheitsbeamter arbeiten. Er dient und schützt sich selbst, seine Familie, seine Gemeinschaft und sein Land. Die hinduistische Tradition sagt, dass diese Person niemals in Gefahr durch Feuer kommen wird.

Dieser Mensch liebt die Natur und kann auch ein erfolgreicher Gärtner sein. Es gibt eine starke Verbindung zu Musik und Rhythmus, vor allem Trommeln, sodass Musik für jemanden mit starkem Basischakra viel bedeutet, ebenso das Tanzen. Er mag Sport und Teamspiele, da er aktiv und stark ist. Er beschränkt das Lesen und Lernen auf das, was er für die Arbeit benötigt, daher ist er wahrscheinlich kein Intellektueller. In Zusammenhang mit der alten Astrologie und verbindet das Chakra-System den Planeten Mars mit Widder und Skorpion.

## Geld, Business und Karriere

Das primäre Bedürfnis eines Menschen mit starkem Basischakra ist, sich selbst zu versorgen, erst dann kann er die Bedürfnisse anderer berücksichtigen. Diese Menschen sind gute Arbeiter und Verdiener, aber sie geben auch viel aus, vor allem für hochwertige Waren. Sie können in Ingenieur-, Bau-, Tiefbau- und Regierungsprojekten oder in Finanzen, Buchhaltung und Bankwesen arbeiten. Sie lesen die Finanznachrichten und halten sich über Politik, Wirtschaft und Finanzen auf dem Laufenden. Diese Leute mögen es nicht, verschuldet zu sein, und wenn sie Schulden haben, müssen sie sie schnell begleichen, sonst würde sie der Stress krank machen.

## Übermäßiges Basischakra

Solche Menschen können selbst unangenehm sein oder unter den Händen derer, die unangenehm sind, leiden, entweder durch übermäßiges oder mangelhaftes Basischakra.

Übermäßiges Basischakra kennzeichnet jemanden, der verzweifelt Geld und Besitz anhäuft, vielleicht als Absicherung gegen möglichen zukünftigen Verlust und Katastrophen. Diese Menschen arbeiten hart, vielleicht zu hart, und sie vergessen, dass es andere Seiten des Lebens gibt, wie Familie, Privatleben, Freizeitaktivitäten mit Nachbarn und Freunden, Liebe, Entspannung und Spiritualität. Manchmal kann das Gefühl, dass das Leben zu schwierig ist, die Person in die Sucht nach Drogen, Alkohol oder Essen führen.

Viele weniger attraktive Persönlichkeitsmerkmale sind mit diesem Chakra verbunden, wie Materialismus, Egoismus, Grausamkeit und das Bedürfnis, Macht über andere auszuüben, manchmal sogar Rassismus oder Gewaltbereitschaft. Im Kern halten diese Individuen nicht viel von sich selbst, weshalb sie anderen so unangenehm sind. Sie können eine starre Haltung haben oder glauben, dass nur ihre eigene Religion zählt, oder sie verwenden Religion, um Macht über andere auszuüben.

Der Drang, erfolgreich zu sein und Geld zu verdienen, kann zu Überarbeitung führen. Das kann persönliche Beziehungen und die Gesundheit beeinträchtigen.

## Unzureichendes oder beschädigtes Basischakra

Menschen mit mangelhaftem Basischakra fehlen Praxissinn und der gesunde Menschenverstand, sie können neurotisch, nervös und verletzlich sein. Manche sind vielleicht so apathisch, dass sie überhaupt nicht loslegen, oder sie fangen sie etwas an, aber beenden es nie.

Das Basischakra nimmt Schaden, wenn wirklich große Ereignisse unsere Existenz bedrohen. Die größten Ereignisse sind die apokalyptischen von Krieg, Seuche, Hungersnot und Tod, aber in unserer modernen Welt können es auch Krankheit oder Tod eines Familienmitglieds, ein lebensverändernder Unfall oder eine lebensbedrohliche Gesundheitsdiagnose sein. Ereignisse wie die Auflösung einer Beziehung, der Verlust eines Hauses und schwere finanzielle Probleme können das Basischakra schwächen und aus dem Gleichgewicht bringen, sodass die Heilung dieses Chakras genau das Richtige ist, jemandem zu helfen, damit umzugehen.

Es kann Probleme im Zusammenhang mit Sex geben, die zu Impotenz führen, was wiederum zu Wut und Frustration führen kann.

## Körper und Gesundheit

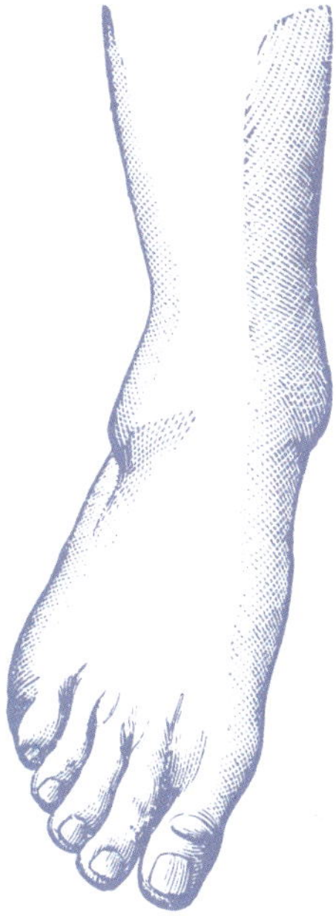

Die Legende besagt, dass ein Problem mit der linken Hüfte, dem Bein oder dem Fuß eine schwierige Beziehung zur Mutter signalisiert, während ein Problem mit der rechten Hüfte, dem Bein oder dem Fuß eine schwierige Beziehung zum Vater nahelegt. Solche Beziehungsprobleme können in der Vergangenheit aufgetreten sein oder noch andauern.

Häufige Basischakra-Beschwerden sind Rückenschmerzen, insbesondere Ischias, Apathie und Lethargie, Erkältung und der Wunsch, sich nicht viel zu bewegen. Dieses Chakra repräsentiert auch das Skelettsystem, sodass Arthritis und Zahnprobleme auftreten können. Es kann Darm- oder Verdauungsprobleme geben, aber das Basischakra beherrscht auch ungesunde Essmuster wie Überernährung, Bulimie und Magersucht. Auch Blutdruck kann ein Problem sein.

- Zervikales Ektropium
- Soor (Candidose)
- Blasenentzündung
- Geschlechtskrankheiten
- Hämorrhoiden
- Analfisteln
- Prostataprobleme
- Hodenprobleme
- Sterilität
- Impotenz
- Inkontinenz
- Vaginale Probleme
- AIDS
- Verstopfung
- Durchfall
- Ischias
- Hoher oder niedriger Blutdruck
- Arthritis
- Zahnprobleme
- Sinusitis und andere Nasenprobleme
- Krebs
- Magersucht
- Bulimie
- Überernährung
- Süchte

## Verknüpfungen

Die unten aufgeführten Ideen sind mit dem Basischakra verknüpft. Einige dieser Elemente kommen zur Geltung, wenn wir ergänzende Therapien oder Energieheilung anwenden.

| | |
|---|---|
| Vedisch: | Muladhara |
| Andere Namen: | Wurzelchakra, Rotes Chakra |
| Zahl: | Das erste Chakra |
| Farbe: | Rot |
| Geschlecht: | Yang, männlich, positiv |
| Tier: | Elefant |
| Lotosblätter: | Vier |
| Form: | Quadrat |
| Element: | Erde |
| Planet: | Mars |
| Sternzeichen: | Widder und Skorpion |
| Mantra: | Lam |
| Musik: | Trommel |

# Sakralchakra

## Details

**Position:** vom Bauch bis zur Lendenwirbelsäule
**Hauptfunktion:** Kreativität, Emotionen
**Körperregionen:** Geschlechtsorgane, Darm
**Drüsen:** Eierstöcke, Hoden
**Sense:** Geschmack

## Hauptideen

**Positiv:** Selbstwertgefühl
**Negativ:** geringe Selbstachtung

## Position

Das Sakralchakra liegt im Bauch, seine Rückseite verbindet sich mit der Lenden- und Kreuzbeinwirbelsäule, dem Ischiasnerv und dem Becken. Es betrifft das Fortpflanzungssystem, insbesondere Eierstöcke und Hoden.

## Themen des Sakralchakras

Wie das Basischakra ist es ein instinktives Chakra, aber es betrifft auch Emotionen besonders die starken. Es bezieht sich sowohl auf das Teilen als auch auf die Unabhängigkeit, auf das Verbinden und Trennen sowie auf gemeinsame und getrennte Ressourcen. In der Astrologie ist das Sakralchakra mit dem Mond und dem Zeichen des Krebses verbunden. Wegen der Verbindung mit dem Mond *reagiert* es auf Umstände und leidet darunter, es verursacht sie nicht. Beim Handlesen lohnt

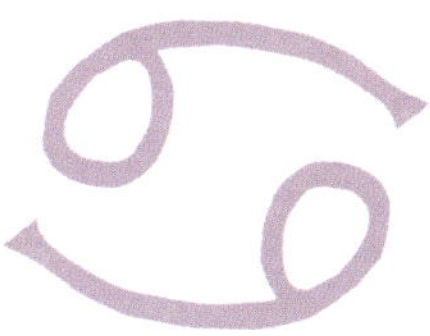

es sich, den Anfang der Lebenslinie in der Nähe der Kopflinie zu überprüfen, und ihr unteres Ende mit ihrer Verbindung zur Schicksalslinie. Diese Linienpositionen erzählen über Familie, Schulfreunde und Liebesbeziehungen, die wir im frühen Leben hatten und ihre Wirkung sie auf uns im Erwachsenenalter.

Das Sakralchakra herrscht über Liebe, Sex, Bindung und wichtige Beziehungen, es ist Ort vieler Emotionen. Der Drang, anderen zu helfen und die Welt in Ordnung zu bringen, kann lahme Enten anziehen, man muss also versuchen, sich zurückzuhalten, wenn andere sich auf einen stützen wollen. Glücklicherweise gibt es eine Ebene der Intuition, die mit Selbsterhaltung verbunden ist. Wenn jemand also das Gefühl hat, dass man ihn ausnutzen möchte, hat er wahrscheinlich Recht. Die ideale Situation ist, zu geben und zu nehmen, aber sich nicht zu viel auf andere zu verlassen noch anderen zu erlauben, sich zu stark auf einen zu stützen.

Das Sakralchakra wird zwischen dem Alter von sechs Monaten und zweieinhalb Jahren gebildet, sodass Ereignisse, die zu dieser Zeit auftreten, einen tiefgreifenden Einfluss auf das Individuum im Erwachsenenalter haben.

## Ausgeglichenes Sakralchakra

Das Sakralchakra gilt als das größte der Chakren. Wenn wir Angst haben oder uns aufregen, können sich unsere Eingeweide anfühlen, als hätten sie sich in Wasser verwandelt, und wir können das dringende Bedürfnis haben, unsere Blase zu entleeren. Wie das Basischakra hat auch dieses Chakra noch einige Überlebensthemen, die aber mehr mit Interaktion zu tun haben als beim »eigennützigen« Basischakra.

Eine der Hauptfunktionen des Sakralchakras ist Sex zusammen mit Anziehung und intimen Beziehungen, es bringt also Menschen zusammen. Das Sakralchakra ist auch mit Kreativität verbunden, was sich auch auf das Gründen einer Familie bezieht, sodass Sex, Liebe und Fortpflanzung Teil des Bildes sind. Die mütterliche Natur dieses Chakras kann dazu führen, einen Beruf zu wählen, der die Pflege junger Menschen beinhaltet.

Dieses Chakra ist zu niedrig auf der Skala, um Logik oder Intellekt zuzulassen, hier geht es um »Bauchgefühl« und Intuition, und das hilft diesen Personen zu wissen, was für sie am besten ist. Sie wissen normalerweise, wem sie vertrauen können und wer ihnen schaden kann. Sie ähneln Leuten, die einen starken Mond in ihrem Horoskop haben, was sie empfindlich für das macht, was in ihrem Körper vor sich geht. Sie sind normalerweise die ersten, die wissen, wenn etwas schief geht. Sie sind sich auch der Stimmungen und Krankheiten derer bewusst, die ihnen wichtig sind, und sie spüren sogar, wenn ein Haustier krank ist.

Menschen mit einem starken Sakralchakra üben Kontrolle über ihre eigenen Emotionen und ihr Verhalten aus, sodass sie angenehme Freunde, Verwandte und Nachbarn finden. Sie arbeiten gut mit anderen zusammen, machen das Beste daraus, und fühlen sich gut dabei, sie sind selten arrogant. Sie werden nicht zulassen, dass andere sie beherrschen und werden nicht zu Opfern. Sie setzen Regeln für ihre Kinder und Angehörigen und tun das, was für ihre Familiensituation relevant ist. Sie genießen die guten Dinge des Lebens, akzeptieren aber, dass von Zeit zu Zeit ein wenig Regen fallen muss. Sie sind zufrieden, vernünftig und vernünftig.

Das Sakralchakra ist mit der Vergangenheit der Person, ihrem familiären Hintergrund und ihren Wurzeln verbunden, aber während die Vergangenheit für einige schädlich sein kann, übt sie einen gesunden Einfluss aus, wenn das Chakra ausgeglichen ist. Diese Personen können Dinge so tun, wie ihre Eltern es getan haben, oder sie können einen anderen Weg finden, Dinge zu tun, aber sie sind stolz auf ihre Herkunft und bleiben in Kontakt mit ihren Familien.

In der spirituellen Welt wären sie gute Heiler, weil es hier ein Element der Hellsichtigkeit gibt, das die Fähigkeit suggeriert, den körperlichen und emotionalen Schmerz von jemandem zu »fühlen« und zu heilen.

## Geld, Business und Karriere

Diese Menschen sind sensibel, sinnlich und kreativ. Sie haben ein starkes Empfinden dafür, was die Sinne anspricht und das Aussehen der Dinge ist ihnen wichtiger als ihr Preis. Sie können im Bereich Modedesign, Kosmetik, Schönheitstherapie und alternative Therapien wie Aromatherapie oder Reflexzonenmassage arbeiten. Sie sind gute Ratgeber, weil sie gerne anderen helfen, aber sie müssen die Balance zwischen Mitgefühl und Vereinnahmung gehen. Sie sind am ehesten erfolgreich, wenn sie glücklich sind.

Wer ein starkes Sakralchakra hat, ist nicht in Geld verliebt, schätzt die Freiheit, die es verleiht. Diese Leute können beruflich erfolgreich sein, wenn sie Waren erzeugen, die andere kaufen möchten, sie genießen den kreativen Prozess des Aufbaus eines Unternehmens. Ihr intuitives Verständnis für andere Menschen macht sie zu ausgezeichneten Arbeitgebern und guten Verkäufern. Sie sind gesellig und etwas ehrgeizig, wenn auch nicht unbedingt geldgierig, da sie es vorziehen, Teil eines Teams zu sein, in dem man zusammenhalten muss. Die Liebe zum Wasser

kann sie zu Karrieren auf dem Meer führen, wie auf Kreuzfahrtschiffen oder in der Fischereiindustrie, oder sie könnten Schwimmbäder reinigen und reparieren.

Ihre persönlichen Finanzen sind möglicherweise chaotisch, und sie können vergessen, sich um ihre Kontoauszüge zu kümmern. Es ist aber unwahrscheinlich, dass Geldprobleme sie krank machen würden, aber Probleme aus dem Abbruch einer Beziehung würden sich definitiv emotional auswirken.

## Übermäßiges Sakralchakra

Solche Menschen sind selbst unangenehm, oder leiden unter anderen, die unangenehm sind, entweder durch übermäßiges oder mangelhaftes Sakralchakra.

Emotionen spielen verrückt, wenn dieses Chakra in Unordnung ist, was dazu führen kann, dass jemand besessen ist, wenn die Liebe zu einer Person nicht erwidert wird, oder es zu Kämpfen über Finanzen, Sex, Untreue, Dreiecksbeziehungen und so weiter kommt. Eifersucht, Mobbing, Gewaltausbrüche können das Familienleben für alle Betroffenen sehr unangenehm machen. Das kann zu Sucht nach Essen, Trinken oder Drogen führen.

## Unzureichendes Sakralchakra

Wer ein schwaches oder unausgewogenes Sakralchakra hat, kann nervös, ängstlich und verletzlich sein, und es vermeiden, sich mit anderen zu beschäftigen, aus Angst, verletzt zu werden. Das kann eine vorübergehende Situation aufgrund von Trauma und emotionalem Schmerz sein, es könnte aber auch von anderen zu ihrem eigenen Vorteil verwendet werden. Einige Sakralchakra-Typen sind von Natur aus berechnend und daher als potenzielle Liebhaber unattraktiv, oder sie sind so mit ihrer Arbeit oder ihren Interessen beschäftigt, dass sie keine Liebe oder Familienleben brauchen. Manchmal kann eine Person mit schwachem Sakralchakra so beschäftigt sein, Dinge für andere zu tun, dass sie ihre eigenen Bedürfnisse auf Dauer hintanstellt und den Bezug zu ihren eigenen Vorlieben und Abneigungen verliert. Einige bevorzugen die Gesellschaft von Tieren gegenüber Menschen, was ist in Ordnung ist, wenn sie damit glücklich sind.

Wenn Sie normalerweise ausgeglichen, aber vorübergehend unzufrieden oder niedergeschlagen sind, sollten Sie vielleicht mit einem guten Freund darüber reden. Wenn Sie sehr durcheinander sind, könnten Sie vielleicht eine Sitzung mit einem Life Coach oder einem Psychotherapeuten vereinbaren.

## Körper und Gesundheit

Wie der Mond in der Astrologie so hat auch das Sakralchakra mit Launenhaftigkeit, Unruhe und Veränderlichkeit zu tun hat. Die Tendenz, Beziehungen zu stören, kann zu Einsamkeit, Traurigkeit und Mangel an Liebe und damit zu Depressionen führen. Dieses Chakra beherrscht die Fruchtbarkeit, sodass viele Sakralchakra-Beschwerden die gleichen sind wie beim Basischakra. Dieses Chakra steuert die weiblichen Fortpflanzungsorgane und den Zustand der Gebärmutter und der Eierstöcke und bei Männern die Milz. Bei Frauen ist das Chakra mit dem monatlichen Zyklus verbunden und kann Stimmungsschwankungen verursachen. Bei beiden Geschlechtern beeinträchtigen Beschwerden wie Hexenschuss, Bandscheibenvorfall, Ischias usw. die Betroffenen.

Dieses Chakra betrifft besonders Ernährung, Verdauung und Essprobleme, und es kann sein, dass diese Menschen Kohlenhydrate einschränken und viel frisches Gemüse, Obst und Salate essen sollten.

Hier ist eine Liste der mit dem Sakralchakra verbundenen Beschwerden:

- Zervikales Ektropium
- Soor (Candidose)
- Blasenentzündung
- Prostataprobleme
- Hodenprobleme
- Sterilität
- Impotenz
- Inkontinenz
- Vaginale Probleme
- AIDS
- Ischias
- Bandscheibenvorfall
- Lumbago
- Asthma
- Ekzem
- Magersucht
- Bulimie
- Überernährung

## Verknüpfungen

Die unten aufgeführten Ideen sind mit dem Sakralchakra verknüpft. Einige dieser Elemente kommen zur Geltung, wenn wir komplementäre Therapien oder Energieheilung anwenden.

| | |
|---|---|
| Vedisch: | Svadhistana |
| Andere Namen: | Milzchakra, Oranges Chakra |
| Zahl: | Das zweite Chakra |
| Farbe: | Orange |
| Geschlecht: | Yin, weiblich, negativ |
| Tier: | Krokodil |
| Lotosblätter: | Sechs |
| Form: | Mondsichel, Pyramide |
| Element: | Wasser |
| Planet: | Mond |
| Sternzeichen: | Krebs |
| Mantra: | Vam |
| Musik: | Streicher |

# Das Solarplexus-Chakra

## Details

**Position:** Oberhalb des Nabels durch die Wirbelsäule
**Hauptfunktion:** Energie, Kontrolle, Glaube
**Körperregion:** Verdauungsorgane
**Drüsen:** Pankreas, Hormonsystem
**Sinn:** Sehen

## Hauptideen

**Positiv:** Willensstärke
**Negativ:** Wird von anderen übergangen

## Position

Das Solarplexus-Chakra liegt über dem Nabel und geht durch die Wirbelsäule.

## Themen des Solarplexus-Chakras

Das Solarplexus-Chakra gilt als das erste der emotionalen Chakren, es ist nicht instinktiv, mental oder spirituell, sondern betrifft hauptsächlich Gedanken, Ideen und die Vermittlung von Information. Es ist das perfekte Chakra für die moderne Welt, besonders für Personen im mittleren Management, die die Unternehmensleiter emporsteigen. Es ist das Chakra von Intelligenz, Technologie, Wissenschaft und Erfolg in unserem Roboter- und Computerzeitalter. Es steuert das Gewinnen von Information durch Bildung, Lesen, Fernsehen und Internet und die Fähigkeit, diese Informationen wiederzugeben, wie in Unterricht, Präsentationen und über Blogs, Artikel und Bücher. Es bestimmt die Neugier und das Bedürfnis zu wissen und zu lernen.

Das Solarplexus-Chakra ist verbunden mit dem Fokus auf Ideen, Ziele, Stimmungen und auf die Entschlossenheit, den Mut und das Selbstvertrauen, diesen Dingen nachzugehen. Aus astrologischer Sicht repräsentiert dieses Chakra das Ziel des zehnten Hauses, zusammen mit der Organisationsfähigkeit des Löwen und der Liebe zu Information, die mit Zwillingen verbunden ist. Im Solarplexus-Chakra geht es um Führung und die Fähigkeit, andere zu lenken. Sowohl Kontrolle als auch

Selbstkontrolle werden von diesem Chakra bestimmt, zusammen mit dem Spielraum, den Individuen sich selbst erlauben oder anderen geben.

Man sagt, dass das Solarplexus-Chakra im Alter von zweieinhalb und viereinhalb Jahren gebildet wird, sodass Ereignisse, die zu dieser Zeit auftreten, eine tiefgreifende Wirkung auf das Individuum im Erwachsenenalter haben.

## Ausgeglichenes Solarplexus-Chakra

Wenn man den mit dem Solarplexus-Chakra verbundenen beruflichen Erfolg mit glücklichen Beziehungen, Freundschaften, Gesundheit, einem wachen Geist, Geld zum Sparen, interessanten Freizeitbeschäftigungen und der Fähigkeit, sich zu entspannen und öfter einen Urlaub zu genießen verknüpft, hat man die Definition eines erfolgreichen Menschen. In diesem Chakra geht es jedoch auch um die vin innen kommenden Gefühle von Selbstwert und Selbstvertrauen. Eine erfolgreiche Person hat ein Ziel im Leben und eine faire Chance, es zu erreichen. Wenn das Solarplexus-Chakra richtig funktioniert, gibt es der Person Energie, Willenskraft und das Selbstvertrauen und den Mut, neue Ideen und Initiativen zu fassen, neue Projekte anzugehen und erfolgreich abzuschließen.

Diese Leute lassen sich von anderen nicht herumschubsen, aber sie sind nicht aggressiv oder unangenehm. Sie können anderen helfen und sich für Familie und Freunde einsetzen, aber sie sind weder aufopferungsvoll noch werden sie Opfer. Sie sorgen sich nicht unnötig, und sie sind nicht neurotisch oder ängstlich, sondern zuversichtlich, fröhlich und normalerweise gesund und glücklich. Doch selbst Menschen mit gut ausbalancierten Solarplexus-Chakren können in ihren Liebesbeziehungen versagen, weil sie möglicherweise zu sehr mit Karriere und Erfolg beschäftigt sind und der Aufmerksamkeit und Liebe nicht die für eine funktionierende Partnerschaft notwendige Zeit geben.

Wer ein starkes Solarplexus-Chakra hat, wäre ein ausgezeichneter Geistheiler, da er den körperlichen und emotionalen Schmerz anderer fühlen und heilen kann.

## Geld, Business und Karriere

Der Wunsch, Informationen zu sammeln, begünstigt diese Menschen in unserer modernen Welt, sie hätten sich aber auch vor ein paar hundert Jahren zu Hause gefühlt und mit Federkiel und Abakus Konten geführt! Budgetierung ist für sie ganz natürlich, und die Logik der Konten passt zu ihrer Denkweise. Sie brauchen ein Ziel, auf das sie hinarbeiten können, und sie arbeiten hart daran, es zu erreichen. Wenn sie wie ein guter Anwalt um ihre Stellung kämpfen müssen, gehen sie nicht in den Kampf, ohne vorher alle Daten zu sammeln.

Reputation ist für diese Personen wichtiger als Geld, sie werden erfolgreiche Politiker oder Offiziere bei Polizei, Feuerwehr oder Militär. Sie genießen es, Macht auszuüben und respektiert zu werden, aber sie haben auch eine kreative Ader und gestalten gerne, bauen Unternehmen auf und freuen sich über gute Ergebnisse.

## Übermäßiges Solarplexus-Chakra

Solche Menschen sind selbst unangenehm, oder leiden unter anderen, die unangenehm sind, entweder durch übermäßiges oder mangelhaftes Solarplexus-Chakra.

Diese Personen können talentierte Programmierer oder Analysten sein. Computer haben keine Emotionen, also diese Maschinen zu ihrer kalten Art und ihrem logischen, analytischen Stil. Sie können wie unangenehme Version eines Star-Trek-Vulkaniers sein.

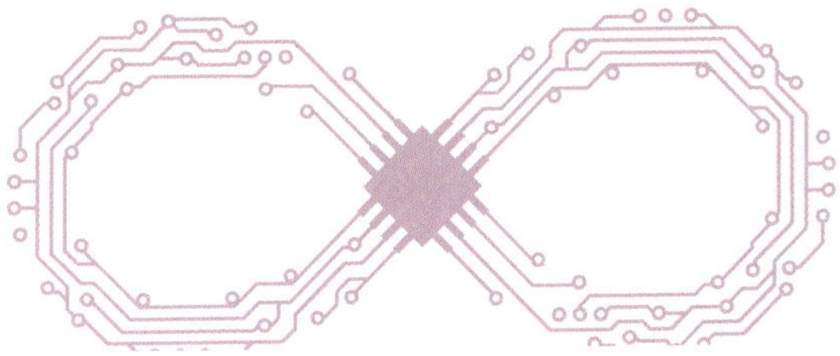

Sie streiten gerne oder kränken ihre Partner mit langem Schweigen, die sich dann einsam und nicht geschätzt fühlen. Fast jedes unangenehme Verhaltensmuster wie Wut, Mobbing, Reizbarkeit, Sarkasmus, destruktive Verletzlichkeit und so weiter kann sich zeigen. Einige Idioten unter ihnen machen aus Nichtigkeiten ein Problem, stellen dumme Regeln auf und erlauben sich, zu tun, was sie wollen. Wenn sie in der richtigen Stimmung sind, können diese Leute witzig und amüsant sein, aber niemand hält es lange zu Hause oder im Büro mit ihnen aus. Doch sie fürchten sich vorm Alleinsein und suchen Wege, mit anderen zusammen zu sein.

## Unzureichendes Solarplexus-Chakra

Diese Menschen suchen verzweifelt nach Verständnis, Zustimmung, Akzeptanz und Liebe. Sie weichen anderen aus und opfern sich viel zu viel, bleiben aber unbedankt. Sie sind unsicher und haben wenig Selbstvertrauen, sodass es für sie schwer ist, etwas zu erreichen. Sie sind lethargisch, intellektuell und pessimistisch und treffen schlechte oder falsche Entscheidungen. Sie bringen nicht die Energie auf, für etwas leidenschaftlich einzutreten und erreichen daher nicht viel. Sie sind zurückhaltend und unentschlossen und können von ihren Emotionen oder sogar hormonellen Ungleichgewichten beherrscht werden, wodurch andere sie zu ihrem eigenen Vorteil ausnutzen können.

Einige dieser Personen können Erfolg in der Arbeit oder in einer Organisation machen, aber ihr »Erfolg« kommt auf krummen Wegen zustande. Solche Menschen halten tatsächlich viel von sich selbst, auch wenn es keinen Grund dafür gibt.

Manchmal entsteht ihre traurige Situation dadurch, dass sie krank sind oder zu Hause festsitzen, sich um Kinder kümmern oder einen kranken Verwandten pflegen müssen, was es unmöglich macht, einen Job zu behalten oder einem Hobby nachzugehen. Einige werden altersbedingt schwach, und es gibt wenig Möglichkeiten ihnen zu helfen.

## Körper und Gesundheit

Dieses Chakra liegt mitten im Körper und beeinflusst die Verdauungsorgane. Wenn das Chakra in Schwierigkeiten ist, gibt es Probleme dabei Nahrung zu verdauen und in Energie umzuwandeln. Das führt zu Unterernährung, Müdigkeit und schlechter Erholung. Wenn diese Person sich angegriffen fühlt oder ständige Auseinandersetzungen oder Mobbing dazu führen, dass die wichtige Organe des Körpers erkranken und möglicherweise Krebs, zum Opfer fallen.

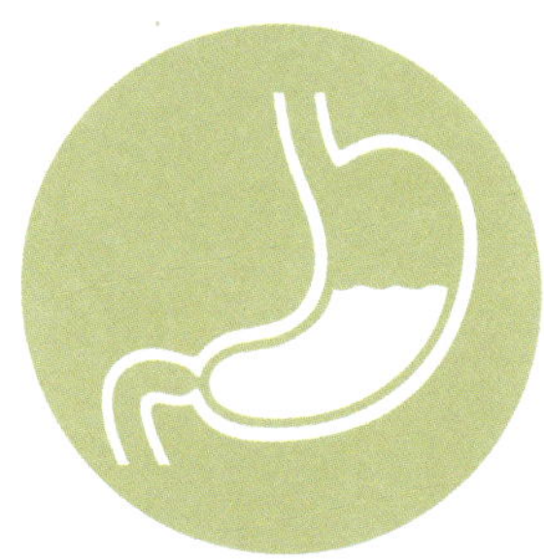

Beschwerden, die dem Solarplexus-Chakra zugeschrieben werden, sind:

- Magengeschwüre
- Verdauungsstörungen
- Leberprobleme
- Bauchspeicheldrüsenprobleme
- Gallensteine
- Diabetes
- Hypoglykämie
- Gewichtszunahme
- Probleme mit den Nebennieren
- Nierenprobleme
- Parasitäre Krankheiten
- Malaria
- Hautprobleme
- Augenprobleme

## Entsprechungen

Die unten aufgeführten Ideen sind mit dem Solarplexus-Chakra verknüpft. Einige dieser Elemente kommen zur Geltung, wenn wir komplementäre Therapien oder Energieheilung anwenden.

| | |
|---|---|
| Vedisch: | Manipura |
| Andere Namen | Gelbes Chakra, Nabelchakra |
| Zahl: | Das dritte Chakra |
| Farbe: | Gelb |
| Geschlecht: | Yang, männlich, positiv |
| Tier: | Bock |
| Lotosblätter: | Zehn |
| Form: | Kreis |
| Element: | Feuer |
| Planet: | Sonne |
| Sternzeichen: | Löwe |
| Mantra: | Ram |
| Musik: | Holzblasinstrument und Horn |

# Das Herzchakra

## Details

**Position:** Mitte der Brust durch die Wirbelsäule
**Hauptfunktion:** Liebe, Beziehung, Respekt, Kreativität
**Körperregion:** Herz, Lunge, oberer Verdauungstrakt
**Drüse:** Thymusdrüse
**Sinn:** Tastsinn

## Hauptidee

Positiv: Lieben und geliebt werden, Leidenschaft
Negativ: Nicht lieben oder nicht geliebt werden

## Position

Das Herzchakra Geht durch Brust und Herz zur Wirbelsäule.

## Themen des Herzchakras

Das ist das zweite der *emotionalen* Chakren, im Gegensatz zu Basis- und Sakralchakra, den *instinktiven* Chakren, Hals- und Stirnchakra, den *Intelligenz*-Chakren oder Scheitelchakra und weiteren Chakren, den *spirituelle* Chakren. Das Herzchakra ist das Tor zwischen den überlebensorientierten unteren Chakren und den spirituell orientierten oberen Chakren.

Alte Gedichte und moderne Popsongs sagen, dass das Herz aktiviert wird, wenn Menschen sich verlieben, und noch mehr, wenn etwas schlecht läuft. Wir reden von gebrochenem Herzen, wenn wir jemanden verlieren, den wir lieben. Wenn Sie mit Handlesen vertraut sind, wissen Sie vielleicht, dass die Herzlinie sowohl die Gesundheit des Herzens als Organ als auch die Geschichte des Liebeslebens der Person zeigt. Eine gebrochene Herzlinie erzählt von einem gebrochenen Herzen, kann aber auch Erholung und neue Liebe zeigen. Im Herzchakra geht es um Liebe in all ihren Formen und die Fähigkeit, sich auf andere zu beziehen. Dieses Chakra hat auch mit emotionaler Sicherheit zu tun und mit der Gewissheit, von anderen geliebt zu werden. Es versucht, ein Gleichgewicht zwischen dem Bedürfnis nach Liebe und dem Wunsch nach spiritueller Exzellenz zu bilden, es bestimmt also über Selbstlosigkeit, Mitgefühl und ein vernünftiges Maß an Hingabe für andere.

Das Herzchakra bezieht sich auch auf die guten Dinge des Lebens, wie Kreativität und Freude an Kunst, Musik und Tanz, und es verbindet sich mit Handwerk und der Einrichtung eines schönen Hauses oder Gartens. Es verbindet sich mit körperlicher und emotionaler Heilung, aber auch mit Spaß und Unterhaltung sowie mit Entspannung, Ruhe und Erholung.

In der Astrologie verbindet sich dieses Chakra mit dem Zeichen der Waage, das mit Partnerschaften und Beziehungen zwischen Menschen verbunden ist. Es bezieht sich auch auf Ereignisse, die zwischen dem Alter von viereinhalb und sechseinhalb Jahren aufgetreten sind, also sollten Sie auf Ihr Leben in diesem Alter zurückblicken, um zu sehen, wie es Sie später beeinflusst hat.

## Ausgeglichenes Herzchakra

Menschen mit starkem Herzchakra haben, fühlen sich mit sich selbst im Einklang. Sie wissen zwar, dass sie nicht perfekt, aber auf dem richtigen Weg sind. Sie kümmern sich nicht um kleine Dinge, aber sie versuchen, die Sache wieder in Ordnung zu bringen, wenn große Dinge schief gehen. Diese Menschen sind freundlich, liebevoll und selbstlos, aber sie lassen sich nicht zum Märtyrer machen oder von anderen benutzen und manipulieren. Sie sind aufrichtig und ehrlich in ihrem Verhalten gegenüber anderen, und sie sind glücklich, andere zu lieben, wollen aber dafür geliebt werden. Sie können damit leben, wenn sie einen Fehler machen und sie erwarten auch nicht, dass andere perfekt sind, daher ist ihre Einstellung im Allgemeinen recht vernünftig.

Mit Menschen, die ein starkes Herzchakra haben, kommt man gut aus, weil sie eine gesunde Portion Selbstachtung haben und auch den Respekt anderer gewinnen. Wenn sie beschließen, sich um andere zu kümmern, tun sie das sie lieber freiwillig als unter Zwang. Einige dieser Personen sind so sozial, dass sie zum Wohle anderer arbeiten. Sie vertrauen anderen, solange sie keinen Grund haben, das nicht zu tun. Einige wenden sich Religion oder Spiritualität als Teil ihres Lebens oder durch ihren Beruf zu.

Sie sind nicht kalt oder emotionslos, aber sie verfallen nicht in Selbstmitleid oder Niedergeschlagenheit, wenn etwas schief geht. Sie verstehen, dass auch schlechte Zeiten für die Entwicklung notwendig sind, aber im Allgemeinen hoffen sie auf das Beste. Sie begegnen Verlust, Trennung, Trauer und Kummer mit Gleichgewicht und Akzeptanz. Ihr Hauptantrieb ist Liebe, Mitgefühl und Freundlichkeit, aber sie sind keine Narren oder Opfer, und wenn jemand ihm aus dem Weg.

## Geld, Business und Karriere

Menschen mit starkem Herzchakra horten weder Geld noch verschwenden sie es, sie sind weder geizig noch übermäßig großzügig, und obwohl sie nicht an Geld oder Gut Hängen, sorgen sie dafür, dass sie und ihre Lieben genug für einen gehobenen Lebensstil haben. Vom Herzchakra beherrschte Personen arbeiten in Berufen, die Teamarbeit wie in den Streitkräften, bei Strafverfolgungsbehörden, in Schulen, Krankenhäusern erfordern. Sie arbeiten für das Gemeinwohl und helfen älteren Menschen, Behinderten, Unterprivilegierten und Kindern. Wenn sie keine Arbeit in diesen Bereichen finden, sind sie Pfadfinderführer oder Freiwillige, die Obdachlosen oder Süchtigen helfen, und so weiter.

Wer ein starkes Herzchakra hat, könnte als Psychologe, Tarot-Leser, Heiler und spirituelle Berater arbeiten, da er die emotionalen Bedürfnisse anderer erschließen kann.

## Übermäßiges Herzchakra

Solche Menschen sind selbst unangenehm, oder leiden unter anderen, die unangenehm sind, entweder durch übermäßiges oder mangelhaftes Herzchakra.

In den meisten Fällen ist ein überaktives Herzchakra für andere Menschen keine schlechte Sache, aber es ist anstrengend und schädlich für die Betroffenen. Zu viel Herzchakra kann diese Menschen zu aufopferungsvoll machen, zu schnell bereit, ihr Geld oder ihren Besitz aufzugeben, um anderen zu helfen, oder einen schutzbedürftigen Partner oder vielleicht einen Alkoholiker oder Drogenabhängigen zu »retten«. Sie stellen die Bedürfnisse anderer über ihre eigenen, und ihre Loyalität und Liebe sind fehl am Platz.

Dieses Chakra wird zum Problem, wenn jemand versucht, andere mit emotionalen Mitteln zu manipulieren, ihn mit lauten und emotionalen Szenen verärgert und ihn auf dem Handy oder in sozialen Medien vor Freunden und Kollegen schlecht macht, während diese Person oft selbst mindestens die Hälfte der Probleme verursacht. Sie geben nur dann Liebe, wenn sie etwas dafür bekommen, sie sind albtraumhafte Eltern und unmögliche Partner. Sie ermutigen ein Kind, an sie zu glauben, und wenden sich dann von ihm ab. Sie genießen es, Macht über andere auszuüben und diejenigen auszubeuten, die sich auf sie bei der Arbeit, zu Hause und anderswo verlassen. Sie können manipulative Mobber sein, die sich als Opfer ausgeben. Sie sind verbittert und übellaunig, und sie können nicht vergeben und vergessen.

Solche Menschen leiden unter Eifersucht, sogar so sehr, dass sie andere verletzen wollen, weil sie glücklicher oder besser dran sind, aber sie werden nichts unternehmen, um ihre Situation zu ändern oder ihr Leben zu verbessern.

## Unzulängliches Herzchakra

Manche Menschen tun zu viel für andere in der Hoffnung, im Gegenzug Liebe, Verständnis und Zustimmung zu erhalten. Sie machen andere gerne glücklich, vergessen aber, dass sie auch ein Recht auf Glück haben. Wenn sie den Märtyrer spielen, können sie ermüdend und anstrengend sein, da sie sich auf andere stützen und sie aussaugen. Einige Menschen verwechseln Liebe mit Geld und geben viel zu viel von ihrem Einkommen in der Hoffnung, im Gegenzug geliebt zu werden. Leider tun sie dies manchmal nur um ihren Frieden uzu haben und nicht in der Erwartung, wirklich geliebt zu werden.

Situationen, in denen es um die Beziehung zu anderen geht, erfordern Mut, gesunden Menschenverstand und die Fähigkeit, Grenzen zu setzen. Das gilt für Kollegen und Chefs bei der Arbeit aber auch für Familienmitglieder. Doch Leute mit schwachem Herzchakra verhalten sich passiv, statt für sich selbst einzutreten. Sie leben manchmal in einer krankmachenden Situation, unter Menschen, die sie eigentlich lieben und für sie sorgen sollten, aber das nicht tun, und das beeinträchtigt ihr Selbstwertgefühl und ihr Selbstvertrauen so sehr, dass sie sich dumm und wertlos fühlen. Sie fühlen sich nicht würdig, Liebe, Zustimmung oder Respekt zu bekommen und fühlen sich schlecht gerüstet, um mit alle dem umzugehen.

Manchmal sind sie mit sich alleine glücklich, mögen Tiere oder haben Freude daran haben, einen schönen Garten anzulegen oder zu malen, zu singen oder sonst etwas Künstlerisches und Kreatives zu tun. Sie sind nicht gerne Teil einer Partnerschaft sein oder eines Teams. Diese Menschen sind autark und glücklich, ihr eigenes Ding auf ihre eigene Weise zu machen.

## Körper und Gesundheit

Dieses Chakra bestimmt das Herz, aber auch alles andere im Brustbereich, einschließlich der Lungen, Rippen, der oberen Wirbelsäule und der Schultern. Die Liste zeigt die Bereiche und Funktionen, die mit diesem Chakra verbunden sind.

- Herz
- Lungen
- Kreislauf
- Brustkorb
- Obere Wirbelsäule
- Schultern
- Blutzellen
- Thymusdrüse
- Wachstumshormone
- Verdauungstrakt
- Oberbauch

Das ist die Liste der mit dem Herzchakra zusammenhängenden Beschwerden:

- Asthma
- Allergien
- Lungenentzündung
- Emphysem
- Rheumatoide Arthritis
- Zwerchfellhernie
- Probleme mit den Brüsten
- Lungen- oder der Brustkrebs

## Entsprechungen

Die unten aufgeführten Ideen sind mit dem Herzchakra verknüpft. Einige dieser Elemente kommen zur Geltung, wenn wir komplementäre Therapien oder Energieheilung anwenden.

| | |
|---|---|
| **Vedisch:** | Anahata |
| **Anderer Name:** | Grünes Chakra |
| **Zahl:** | Das vierte Chakra |
| **Farbe:** | Grün |
| **Geschlecht:** | Yin, weiblich, negativ |
| **Tier:** | Wolf |
| **Lotosblätter:** | Zwölf |
| **Form:** | Kreuz |
| **Element:** | Luft |
| **Planet:** | Venus |
| **Sternzeichen:** | Stier und Waage |
| **Mantra:** | Yam |
| **Musik:** | Flöte, Holzblasinstrumente |

# Das Halschakra

## Details

**Position:** Vom Hals bis zum Nacken
**Hauptfunktion:** Kommunikation
**Körperregion:** Hals
**Drüsen:** Schilddrüse und Nebenschilddrüse
**Sinn:** Gehör

## Hauptideen

**Positiv:** Klarheit im Ausdruck
**Negativ:** Lügen und Verschleierung

## Position

Dieses Chakra befindet sich am Hals vorne und am Nacken hinten. Es bestimmt den Hals, die Schultern, die obere Wirbelsäule, das Bronchialsystem, Sprache, Hören, Kiefer und die Schilddrüse und Nebenschilddrüse.

## Themen des Halschakras

Das ist das Chakra des Intellekts, im Gegensatz zu den instinktiven, emotionalen oder spirituellen Chakren ist es mit Logik, Vernunft und gesundem Menschenverstand verbunden. Dieses Chakra ist mit dem Lernen und Lehren verbunden und mit dem Aufnehmen von Wissen und der Kommunikation mit anderen. Es bestimmt künstlerische Interessen, insbesondere Musik und Poesie. Es bestimmt das Annehmen von Lehren, Bildung durch Lesen und Anschauen von Bildungsprogrammen im Fernsehen. Es ist das Chakra der Kommunikation, das mit dem Hören, Sprechen, Schreiben und der Verbindung mit anderen für geschäftliche und persönliche Zwecke verbunden ist. Es ist auch das Chakra, das die Entwicklung von Charakter und persönlicher Stärke durch Erfahrung und die Fähigkeit, einen anständigen Lebensunterhalt zu verdienen und sich um andere zu kümmern, bestimmt. Es bezieht sich auf gesunden Menschenverstand, Verständnis und Verantwortung, einschließlich der Verantwortung für sich selbst.

In Bezug auf die Gesundheit ist dieses Chakra mit dem Wachstum und der Entwicklung der Hormone verbunden. Psychologisch verweist dieses Chakra auf die Dinge, die der Person im Alter zwischen sechseinhalb und achteinhalb Jahren passiert sind, sodass Erfahrungen, die damals stattfanden, eine tiefgreifende Wirkung auf das Individuum im Erwachsenenalter haben.

In der Astrologie verbindet man dieses Chakra mit dem Planeten Merkur und den Luftzeichen von Zwillingen, Waage und Wassermann. Zwillinge sind das Zeichen, das sich am meisten mit Kommunikation beschäftigt, während sowohl Waage als auch Wassermann einen starken Sinn für Gerechtigkeit und den Wunsch haben, die Welt zu einem besseren Ort für die Menschheit zu machen.

Einige Traditionen sehen dieses Chakra als »Filter«, der die physische Welt von der spirituellen Welt fernhält, die der Fokus der oberen Chakren ist.

## Ausgeglichenes Halschakra

Menschen mit starkem Halschakra übernehmen Verantwortung für ihre Handlungen und suchen Fehler nicht bei anderen. Sie erhalten Anerkennung für ihre Leistungen, akzeptieren aber auch ihre Mängel, und gewinnen so den Respekt anderer. Sie sind loyal, anständig, vertrauenswürdig und ehrlich, gleichzeitig auch diplomatisch und taktvoll. Sie sind nicht dumm und durchschauen schnell die Machenschaften anderer.

Personen mit starkem Halschakra stützen sich selten auf andere, aber sie haben einen starken spirituellen Glauben auf den sie bauen können, wenn das Leben schwierig wird. Sie tun das Richtige aus dem richtigen Grund. Sie haben eine zugrunde liegende Spiritualität und eine unbewusste spirituelle Einstellung zu allem, was sie tun, sie versuchen, ehrlich, anständig und wohltätig zu sein. Sie sind wirklich gute Zuhörer, und lernen so, die Position anderer zu verstehen und sich in sie einzufühlen.

## Geld, Business, Karriere

Menschen mit einem starken Halschakra sind gute Ratgeber, aber sie können auch im Rechtsbereich oder in der lokalen oder nationalen Politik arbeiten. Sie können gute Redner sein und fühlen sich zum Schreiben, Veröffentlichen, Journalismus und Rundfunk hingezogen. Sie können Computerprogramme und Software für Spiele und Unterhaltung oder für Bildungszwecke entwerfen. Sie sind gute Geschäftsleute und haben Talent für die Unternehmenswelt. Sie arbeiten vielleicht in der Buchhaltung oder im Bankwesen, weil sie Finanzen verstehen, aber sie beraten und helfen auch gerne anderen Menschen.

Diese Personen übernehmen Verantwortung für ihre Entscheidungen, setzen realistische Ziele und erledigen Dinge. Sie haben Erfolg in der materiellen Welt und führen ein erfülltes Leben. Wenn die Dinge jedoch nicht funktionieren, können sie akzeptieren, was nicht sein kann. Sie sind realistisch. Weil sie gut verhandeln, sind sie ausgezeichnete Verkäufer. Ein ausgewogenes Halschakra ermutigt den Einzelnen, sich zu entfalten, Herausforderungen anzunehmen und hoch zu zielen. Diese Menschen haben ein klares Bild ihrer ihre Zukunft und arbeiten darauf hin, weil sie gute Planer sind, aber sie sind nicht so gut darin, mit Details umzugehen.

Manche sind so versessen darauf zu kommunizieren, dass sie zu viel reden und andere langweilen oder zu viele Informationen preisgeben. Manchmal ist das das Ergebnis von Nervosität, aber oft liebt die Person einfach den Klang ihrer eigenen Stimme. Im Business ist es besser zuzuhören als zu reden, und Personen mit einem ausgewogenen und klaren Halschakra verstehen das gut.

Wenn diese Menschen auf dem Gebiet der Psyche arbeiten, können sie hellhörig sein, was bedeutet, dass sie die Stimmen der Verstorbenen hören können. Einige können sich auf die Worte spiritueller Führer und sogar auf die Worte der Engel einstellen. Sie können anderen helfen, indem sie ihnen zuhören und Therapie, Beratung oder Hilfe in traumatischen Zeiten geben.

## Übermäßiges Halschakra

Solche Menschen sind selbst unangenehm, oder leiden unter anderen, die unangenehm sind, entweder durch übermäßiges oder mangelhaftes Halschakra.

Es gibt Menschen, die sich selbst und ihre eigen Meinung so sehr mögen, dass sie ihren Mitmenschen das Leben schwer machen. Sie können religiös oder politisch dogmatisch sein, und wahrscheinlich sind ihnen nur ihre eigenen Vorurteile wichtig. Sie können andere nicht verstehen oder sich in andere einfühlen, und kümmern sich nicht um andere. Diese intoleranten Leute geben allen anderen die Schuld für ihre eigenen Fehler und Mängel, und sie übernehmen nie die Verantwortung dafür. Sie sind großmäulig, arrogant und langweilig, oder sie können bissig, boshaft, selbstgerechte besserwisserisch oder einfach nur dumm sein. Ihnen fehlt es an Mut und Elan; sie vermeiden Anstrengungen, nehmen die besten Jobs und das Beste von allem, was angeboten wird, ohne mit anderen zu teilen oder sich um andere zu kümmern. Sie sind eifersüchtig auf andere und boshaft ihnen gegenüber. Sie genießen das Leben nur, wenn sie andere herumschubsen können.

## Unzureichendes Halschakra

Pessimistisch, melancholisch und feige, können aber wie alle schwachen Menschen hinterhältig sein und es vermeiden etwas nützliches zu tun. Sie blicken verbittert in die Vergangenheit und hegen Groll gegen andere und geben ihnen die Schuld für alles, was in ihrem Leben falsch läuft. Es fällt ihnen schwer, für sich selbst einzustehen, also stützen sie sich auf starke Menschen und landen manchmal bei Tyrannen, die sie ausnutzen. Die Meinungen anderer Menschen haben möglicherweise einen zu großen Platz ihrem Leben.

Sie tun, was sie können, um andere zu besänftigen und sie nicht wütend zu machen, und verschenken Geld oder Dinge, um sich ein wenig Ruhe und Frieden zu kaufen. Viele dieser Menschen sind in schlechten Beziehungen gefangen, und schaffen es nicht, über die Ungerechtigkeiten zu sprechen, die sie erleiden. Wenn sie sich einmal aussprechen, will ihnen niemand zuhören. Sie können schwierige Beziehungen oder unmögliche Situationen über Jahre hinweg ertragen, bevor sie sich entscheiden, sich zu befreien. Einige nehmen die Schuld für Dinge auf sich, die nichts mit ihnen zu tun haben, und andere, die eine schlechte Situation verlassen sollten, bleiben in der Hoffnung, dass sie sich endlich bessern wird.

## Körper und Gesundheit

Klarerweise ist dieses Chakra mit dem Hals, aber auch mit der Halswirbelsäule, den Schultern und dem Oberkörper verbunden. Hier sind die Beschwerden, die mit dem Halschakra zusammenhängen:

- Bronchitis
- Asthma
- Laryngitis
- Tonsillitis
- Allergien
- Stimmbandprobleme
- Mundgeschwüre
- Zahnprobleme
- Anorexie und Bulimie
- Hals- und der Halswirbelsäulenleiden
- Wachstums- und Entwicklungsstörungen
- Erkrankungen von Schilddrüse und Nebenschilddrüse
- Gehör- und Gleichgewichtsprobleme
- Menstruationszyklus und Probleme in den Wechseljahren

## Entsprechungen

Die unten aufgeführten Ideen sind mit dem Halschakra verknüpft. Einige dieser Elemente kommen zur Geltung, wenn wir komplementäre Therapien oder Energieheilung anwenden.

| | |
|---|---|
| Vedisch: | Vishuddha |
| Anderer Name: | Hellblaues Chakra |
| Zahl: | Das fünfte Chakra |
| Farbe: | Himmelblau |
| Geschlecht: | Yang, männlich, positiv |
| Tier: | Adler |
| Lotosblüten: | Sechzehn |
| Form: | Schale |
| Element: | Luft/Äther |
| Planet: | Merkur |
| Sternzeichen: | Zwillinge und Jungfrau |
| Gesichtsregion: | Hals |
| Mantra: | Ham |
| Musik: | Gesang |

# Stirnchakra

## Details

**Position:** Mitte der Stirn direkt über den Augen
**Hauptfunktion:** Wissen, Klarheit
**Körperregion:** Kopf
**Drüse:** Zirbeldrüse und Hypophyse
**Sinn:** Sehsinn

## Hauptideen

**Positiv:** Einsicht
**Negativ:** Wirres Denken

## Position

Dieses Chakra wird oft das *dritte Auge* genannt. Einige sagen, dass es sich zwischen den Augen befindet, andere glauben, dass es in der Mitte der Stirn sitzt.

## Themen des Stirnchakras

Das Stirnchakra ist aktiv, wenn wir als Medium, Wahrsager oder Heiler spirituell arbeiten. Das Chakra bestimmt die außersinnliche Wahrnehmung und die Fähigkeit, sich mit Verstorbenen zu verbinden. Es ist auch mit Psychologie verbunden, in dem Sinne, dass wir andere und uns selbst verstehen zu können. Dieses Chakra beeinflusst die emotionale Intelligenz und Reife und kann uns helfen zu sehen, was hinter den Handlungen anderer und unserer eigenen steckt. Es bringt die Gaben der Intuition und Inspiration und die Fähigkeit, auf Botschaften aus der Geisterwelt zuzugreifen. Es ist mit Hellsehen und dem zweiten Gesicht verbunden.

## Ausgeglichenes Stirnchakra

Mit diesem ersten der spirituellen Chakren entfernen uns vom Alltag. Das Stirnchakra bestimmt Denken, Vorstellungskraft und Kreativität, indem es dem Einzelnen hilft, seine Ideen zum Leben zu erwecken. Es ist das Zeichen des Visionären. Dieses Chakra ist auch mit dem Gedächtnis verbunden, sodass Menschen aus vergangenen Fehlern und vergangenen Verletzungen für die Zukunft lernen können. Die Tradition verbindet dieses Chakra mit der Beziehung und den Gefühlen zur Mutter. Diese Verbindung zur Vergangenheit hängt dabei mit einer Vision der langfristigen Zukunft zusammen. Eine weitere Verbindung zur Vergangenheit ist das Alter von achteinhalb bis zehneinhalb Jahren, auf das sich dieses Chakra bezieht.

Dieses Chakra hilft Menschen, anständig, ehrlich, loyal, zuverlässig und sympathisch zu sein. Solche Personen sind vernünftig und aufgeschlossen, aber auch klar und ernsthaft. Sie übernehmen Verantwortung für sich selbst, tun aber auch alles, um anderen zu helfen. Sie nutzen ihre Kraft auf positive Weise, auch, um den Planeten und alles, was darauf ist, zu einem besseren Ort zu machen. Dieses Chakra bildet eine Brücke zwischen der physischen Welt und der Welt des Geistes. Astrologisch gesehen sind der Planet Jupiter und die Sternzeichen Schütze und Fische mit diesem Chakra verbunden.

Es ist das Chakra der Hellseherei, der Fähigkeit, Geister zu sehen oder psychische und spirituelle Visionen zu haben. Es hilft, Symbole zu interpretieren, man in Träumen oder bei spiritueller Arbeit sieht. Es ist mit Dingen wie Orakelkarten und dem Tarot verbunden, weil es Bilder in Botschaften übersetzen kann. Die Einsicht, die dieses Chakra verleiht, erlaubt es den Menschen, Lügen und Täuschungen zu durchschauen und zur Wahrheit der Sache zu gelangen.

## Geld, Business und Karriere

Ein Job ist ein Job, aber Business braucht Visionen. Dieses Chakra, das so in spirituelle Arbeit verwickelt ist, kann denen helfen, die das große Geld machen wollen. Die großzügige Natur des Chakras bedeutet, dass diese Menschen Geld, das sie verdienen, gerne für ihre Lieben oder irgendeine Sache ausgeben. Wenn es um Beruf oder Karriere geht, sollten diese visionären Menschen ihre Talente in der Architektur, der lokalen oder nationalen Politik, im Rechtswesen, bei einer Versicherung oder der Vorsorgeplanung einsetzen. Wenn sie eine Veranstaltung durchführen, die anderen hilft oder die Welt zu einem besseren Ort macht, wird sie ein Erfolg.

Man kann dieses Chakra symbolisch mit Routen, Straßen und Wegen vergleichen, denn jemand mit starkem Stirnchakra wird einen Ausweg aus einem Dilemma oder eine Route finden, die von einer Situation zur anderen führt.

Praktisch kann dies eine Karriere in langfristiger visionärer Arbeit wie Stadtplanung oder Bauingenieurwesen bedeuten. Wenn Sie ein starkes Stirnchakra haben, sollten Sie eine guten Altersvorsorge für sich selbst planen. Sie werden auch Ihre Hypothek zuverlässig bedienen.

Diesen Menschen geht es nicht ums Geld, sie werden eher von kreativen Aktivitäten oder spiritueller Arbeit angezogen. Einige arbeiten als Hellseher, Geistheiler, Medien, und so weiter.

## Übermäßiges Stirnchakra

Solche Menschen sind selbst unangenehm, oder leiden unter anderen, die unangenehm sind, entweder durch übermäßiges oder mangelhaftes Stirnchakra.

Menschen mit einem übermäßigem Stirnchakra sind herrisch, unangenehm, arrogant und egoistisch, aus keinem anderen Grund als ihrer eigenen hohen Meinung von sich selbst. Sie lieben sich selbst, während sie sich anderen gegenüber schlecht verhalten. Sie sind stur und unbeugsam mit engstirnig und fantasielos, und sie machen sich über ihre Mitmenschen lustig. Sie kümmern sich gar nicht um die Bedürfnisse anderer.

Sie langweilen andere, indem sie nur über ihre eigenen Interessen reden, was für spirituell gesinnte Menschen genauso gilt wie für alle anderen. Beim Handlesen erkennt man solche Menschen am der kurzen Kopflinie. Sie wissen alles, was es über ein bestimmtes Thema zu wissen gibt, und der einzige Weg, zu ihnen durchzudringen, besteht darin, darüber zu sprechen. Das sind die Zugbeobachter und Taubenzüchter der Welt. Einige sind frauenfeindlich, antisemitisch und rassistisch, können seltsamerweise aber auch extrem religiös und eine Säule ihrer Kirche sein. Manchmal geraten sie zu sehr unter den Einfluss von Ideen anderer und befinden sich infolgedessen in Schwierigkeiten.

## Unzulängliches Stirnchakra

Obwohl es ihnen nicht an Intuition mangelt, fällt es diesen Menschen schwer, etwas zu tun oder das zu beenden, was sie beginnen oder was ihr Selbstwertgefühl steigert. Sie opfern zu viel für andere in der Hoffnung, den Frieden zu bewahren, aber es funktioniert nicht wirklich. Sie können nicht für sich selbst einstehen. Es gibt einen schmalen Grat zwischen Bewunderung und Neid, und Menschen mit so geringem Selbstwertgefühl neigen dazu, andere zu beneiden. Sie sind leicht verärgert, sensibel und überbewerten unangenehme Situationen. Es fällt ihnen schwer, mit Kritik fertig zu werden oder nach Niederlagen weiterzumachen. Sie leiden in der Kindheit, möglicherweise aufgrund eines Mangels an Liebe und später im Leben, weil sie mit schwierigen Menschen zusammen leben und arbeiten. Einige greifen zu Alkohol oder anderen Drogen, um ihren Schmerz zu betäuben. Sie sind dann einsam und isoliert, aber manchen ist das lieber, als die Gesellschaft anderer, und wenn solche Leute ein Haustier haben, für das sie sorgen können, kann das ihre geistige Gesundheit und vielleicht sogar ihr Leben retten.

## Körper und Heilung

Dieses Chakra beherrscht den Kopf, aber auch mehrere Drüsen im ganzen Körper. Es ist mit Hormonen verbunden, die sich auf Frauenprobleme beziehen und hat eine gewisse Verbindung zu Schlaflosigkeit. Die mit diesem Chakra verbundenen Beschwerden sind:

- Kopfschmerzen
- Migräne
- Neuralgie
- Sinusitis
- Schwindel
- Schlaflosigkeit
- Hormonungleichgewichte
- Sehprobleme, Blindheit
- Hirntumore
- Schlaganfälle
- Gehirnblutung
- Wirbelsäulenprobleme
- Gleichgewichts-, Bewegungs- und Koordinationsprobleme
- Probleme mit Zirbeldrüse und Hypophyse

## Entsprechungen

Die unten aufgeführten Ideen sind mit dem Stirnchakra verknüpft. Einige dieser Elemente kommen zur Geltung, wenn wir komplementäre Therapien oder Energieheilung anwenden.

| | |
|---|---|
| Vedisch: | Ajna |
| Andere Namen: | Chakra des dritten Auges, Stirnchakra, Indigo-Chakra |
| Zahl: | Das sechste Chakra |
| Farbe: | Indigoblau |
| Geschlecht: | Yang, männlich, positiv |
| Tier: | Ahnen |
| Lotosblätter: | Kreis mit Blatt an jeder Seite |
| Form: | Davidstern |
| Element: | Licht |
| Planet: | Jupiter |
| Sternzeichen: | Schütze und Fische |
| Gesichtsregion: | Augen, Schädel |
| Mantra: | Aum |
| Musik: | Sakrale Gesänge und Musik |

# Scheitelchakra

## Details

**Position:** Am Scheitel
**Hauptfunktion:** Spiritualität
**Körperregion:** Kopf und Zentralnervensystem
**Drüse:** Zirbeldrüse und Hypophyse
**Sinn:** Einssein mit dem Universum

## Hauptideen

**Positiv:** Spiritualität
**Negativ:** Nicht vertrauenswürdig

## Position

Das Scheitelchakra liegt am Scheitel.

## Themen des Scheitelchakras

Dieses Chakra verbindet den Menschen mit der Erde und dem Universum. Es bestimmt Spiritualität, Brüderlichkeit und Glauben. Es enthält Erinnerungen an vergangene Leben und Einblicke in das nächste Leben. Es ist das Tor zum höheren Bewusstsein, zur Spiritualität, zur geleiteten Intuition und zum Verständnis des wahren Sinns des Lebens und des Jenseits. Das Scheitelchakra regiert Glauben, Vertrauen, Gebet, Meditation und Weisheit, aber es ist auch mit Glück und Freude verbunden.

## Ausgeglichenes Scheitelchakra

Wer ein ausgeglichenes und starkes Scheitelchakra hat, liebt und versteht die Menschen, er wird wahrscheinlich zum Wohle der Menschheit und zur Ehre Gottes arbeiten. Er ist großzügig und intelligent. Menschen mit gesundem Scheitelchakra verstehen den Sinn ihres Lebens und haben eine gute Vorstellung davon, wie sie leben und was sie erreichen wollen.

Seltsamerweise können Gefühle von Angst, Einsamkeit, Isolation und Trauer mit diesem Chakra verbunden sein, selbst wenn es gut ausgerichtet ist. Intensives Leiden kann Menschen dazu bringen, nach Antworten zu suchen und Spiritualität zu finden, was sie schließlich dazu führen kann, andere zu trösten und zu beraten.

## Geld, Business und Karriere

Personen mit einem gut abgestimmten Scheitelchakra haben Werte, die eher spirituell als materiell sind, sodass sie in selbstlosen Berufen arbeiten können, wie zum Beispiel Süchtigen und Obdachlosen zu helfen oder sich um diejenigen zu kümmern, die weniger glücklich sind als sie. In einigen Fällen entscheiden sich diese Personen, Geistliche oder Mönche und Nonnen zu werden. Viele sind überhaupt nicht an Geld interessiert, glauben aber, dass ihre Aufgabe darin besteht, das Wort und die Liebe Gottes anderen zu bringen.

Wer in der kommerziellen Welt arbeitet, ist ethisch und versucht immer, guten Arbeit für einen guten Lohn zu tun. Wenn diese Personen etwas verkaufen oder eine Dienstleistung erbringen, müssen sie das Gefühl haben, dass das anderen zugute kommt. Sie sind ehrlich und anständig und ziehen es vor, mit Menschen zusammen zu sein, die ebenso unkompliziert sind.

Die mit diesem Chakra verbundenen Altersgruppen sind die Adoleszenz und das frühe Teenageralter. Es gibt kein bestimmtes Tierkreiszeichen, das sich auf dieses Chakra bezieht. Vielleicht verdankt das Scheitelchakra dem gesamten Tierkreis etwas, während die darüber liegenden etwas vom Universum als Ganzes annehmen.

## Übermäßiges Scheitelchakra

Solche Menschen sind selbst unangenehm, oder leiden unter anderen, die unangenehm sind, entweder durch übermäßiges oder mangelhaftes Scheitelchakra.

Werte und Moral betreffend, haben diese Menschen kein Problem, anderen ihre starren Einstellungen aufzuzwingen. Sie erachten sich selbst als besser als ihre Mitmenschen. Einige benutzen Religion und Spiritualität, um anderen das Gefühl zu geben, unzulänglich zu sein. Andere nehmen sich selbst sehr ernst und sind religiöse Langweiler, die keine banalen Interessen und keine anderen Gesprächsthemen haben. Sie sind zu sehr in die Welt des Geistes eingebunden, um in der realen Welt funktionieren zu können.

## Unzulängliches Scheitelchakra

Manchmal macht ein Problem in der Beziehung zum Vater das das frühe Leben sehr schwierig und hinterlässt psychische Spuren. Manchmal gibt es Familienmitglieder, die erkennen, dass diese Leute großzügig und spirituell sind und ihre gutmütige Natur voll ausnutzen. Sie müssen darauf achten, dass Familienmitglieder und andere sie nicht ausbeuten. Einige dieser Menschen sind zu neurotisch, um das Leben zu genießen, sie fürchten das Leben und den Tod. In schwierigen Situationen haben sie nicht den Mut oder die Kraft, ihr Schicksal zu ändern oder sich davon zu lösen. Sie haben keinen Glauben an das Universum oder an ihre eigene Zukunft und können sich nicht weiterentwickeln.

Solche Leute schätzen Geld und Güter mehr als Menschen, Schönheit oder lohnende Aktivitäten, sodass sie sehr reich werden können, aber keine Seele oder Mitgefühl haben. Wenn eine schwerer Verlust kommt, erkennen diese Menschen plötzlich, dass es mehr im Leben gibt als Geldverdienen und beginnen, die ersten Schritte auf dem Weg zu einem spirituellen Verständnis zu machen.

Manchmal möchten sie andere kontrollieren oder dominieren, oder sind von etwas besessen und unausgeglichen. Sie ist vielleicht zu sehr in den spirituellen Bereich involviert sein und ihr es fehlt es an gesundem Menschenverstand.

## Körper und Gesundheit

Das Scheitelchakra regiert das Gehirn, insbesondere die rechte Seite, und ist auch mit dem zentralen Nervensystem verbunden. Die mit diesem Chakra verbundenen Beschwerden sind:

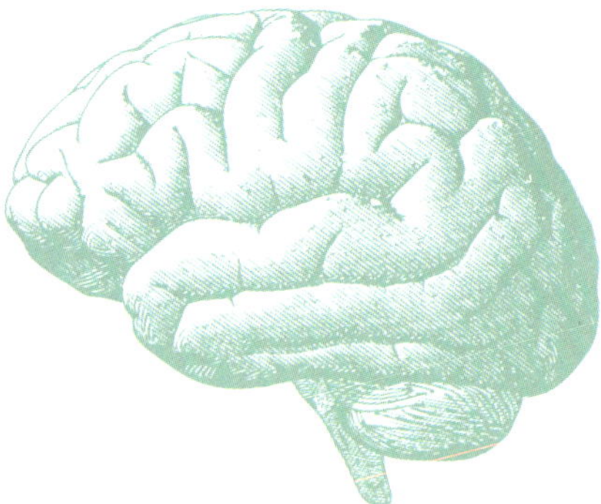

- Hautkrebs
- Multiple Sklerose
- Schizophrenie
- Parkinson-Krankheit
- Epilepsie
- Alzheimer
- Bipolare Störung
- Depression
- Erkrankungen der Augen
- Krampfadern
- Ekzeme
- Hautausschläge
- Warzen
- Muttermale
- Bakterielle Infektionen

## Entsprechungen

Die unten aufgeführten Ideen sind mit dem Scheitelchakra verknüpft. Einige dieser Elemente kommen zur Geltung, wenn wir komplementäre Therapien oder Energieheilung anwenden.

| | |
|---|---|
| Vedisch: | Sahasrara |
| Anderer Name: | Violettes Chakra |
| Zahl: | Das siebte Chakra |
| Farbe: | Violett, Lila; manchmal auch, Weiß oder Gold |
| Geschlecht: | Yin und Yang, männlich und weiblich |
| Tier: | Engel |
| Lotosblätter: | Violette Lilie oder viele Blätter |
| Form: | Lotos, Lilie |
| Element: | Licht |
| Planet: | Saturn |
| Sternzeichen: | Steinbock und Wassermann |
| Gesichtsregion: | Kopf |
| Mantra: | Nnn |
| Musik: | Stille |

❋ ❋ ❋

3

# NEBEN-CHAKREN

Die Theorie besagt, dass es 78 000 Chakren im menschlichen Körper gibt, aber nicht alle sind sich über die Anzahl oder Lage einig. Sie können die Chakren in Ihrem eigenen Körper finden, indem Sie alle Schmerzen und Beschwerden, die Sie haben, oder alle Bereiche, die Ihre Aufmerksamkeit auf sich ziehen, im Auge behalten. Viele Chakren spiegeln einander und befinden sich auf beiden Seiten des Körpers. Wenn Sie bemerken, dass zwei Bereiche jucken oder gereizt sind, könnten es gespiegelte Chakren sein, die Heilung benötigen. Mehr über die Nebenchakren können Sie im Internet oder durch Gespräche mit Heilern und Hellsehern und durch Reflexion Ihrer eigene Erfahrung lernen. Machen Sie ein Foto von sich, auf dem Sie die zusätzlichen Chakren markieren, die Sie entdecken.

## Chakren über dem Körper

### Das achte Chakra – Geld und Tod

Das achte Chakra befindet sich über dem Kopf. Einige Traditionen sagen, dass es direkt auf Kopf sitzt, andere, dass es mehrere Zentimeter darüber liegt. Einige sehen es als eine goldene Kugel, andere als ein weißes Leuchten oder weiße Blume.

Seltsamerweise finden diejenigen, die ein Leben lang die Chakren studiert haben, Menschen, die von diesem Chakra beherrscht werden, extrem geldgierig! Wenn also jemand von der Notwendigkeit beherrscht wird, Geld zu verdienen oder zu behalten oder es als eine Form der Macht über andere zu verwenden, braucht diese Person definitiv eine auf das achte Chakra gerichtete Heilung. Wer immer pleite ist, könnte wahrscheinlich auch von der Heilung dieses Chakras profitieren. Da dies das Chakra des großen Geldes, aber auch des Alters und des Lebensendes ist, unterliegt es auch dem Einfluss von Saturn und Steinbock.

Dieses Chakra ist besonders wichtig zum Zeitpunkt des Todes, da einige glauben, dass die Seele den Körper am Scheitel verlässt. Das bedeutet, dass das achte Chakra die Verbindung zwischen der physischen Welt und dem nächsten Leben ist und dass es etwas Karma mitbringt. Diese Auffassung ist aber nicht allgemein anerkannt, da viele Hellseher und Personen, die in Krankenhäusern und Hospizen arbeiten, erlebt haben, wie Seelen durch den Nabel den Körper verlassen, als ob sie an einer neuen Nabelschnur befestigt wären.

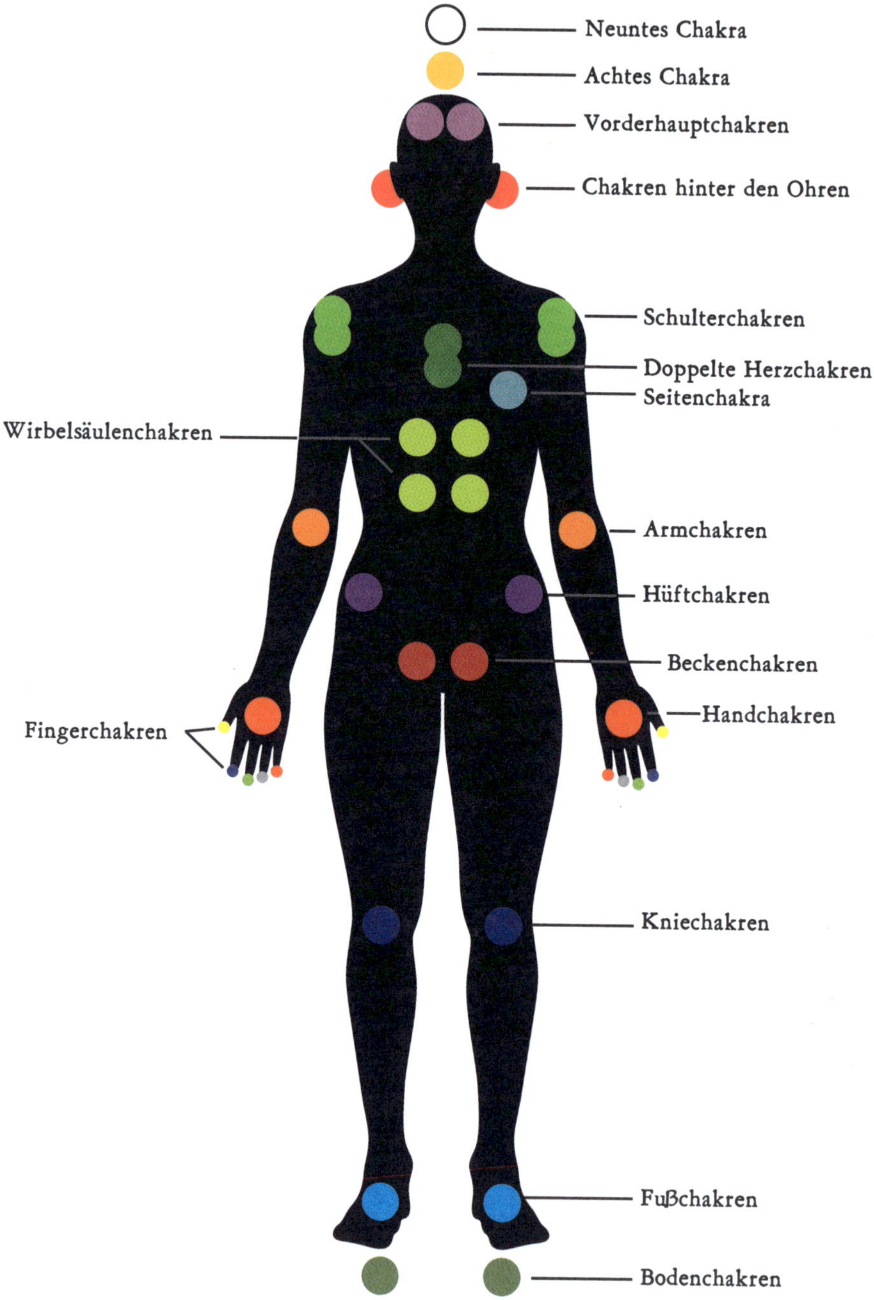


DIAGRAMM DER NEBENCHAKREN

### ○ Das neunte Chakra—Anliegen und Meinungen

Bei diesem Chakra, das über dem Achten sitzt und durchscheinend weiß ist, geht es darum, den Planeten zu retten, sich um Tiere und Pflanzen zu kümmern und anderen zu helfen. Es ist ein großes Chakra, das man anrufen kann, wenn man etwas Humanitäres oder Idealistisches vorhat. Es dürfte astrologisch mit dem Planeten Uranus und dem Zeichen des Wassermanns verbunden sein.

> **Höhere Chakren**
>
> Die hinduistische Tradition besagt, dass die oberen Chakren verschiedene spirituelle Zwecke haben, aber dass es für Normalsterbliche schwierig sei, zu entdecken, welche das seien.

## Chakren am Körper

### Vorderhauptchakren

Einige glauben, dass es zwei Chakren an der Stirn gibt, andere glauben, dass es eine vertikale Reihe von Chakren gibt, die von knapp über dem Stirnchakra bis zum Haaransatz verläuft. Davon bin ich nicht überzeugt. So oder so handeln die Vorderhauptchakren von Intuition, Beziehungen zu anderen, Verständnis des Universums und Umgang mit vergangenem und zukünftigem Leben.

### Chakren hinter den Ohren

Menschen oder Situationen aus einem vergangenen Leben können gegenwärtig sein und jemanden zu unangemessenem Verhalten bringen. Wenn diese Menschen von körperlosen Wesen beherrscht werden sollten sie sich einer Reinigung unterziehen, um diese bösartigen Einflüsse loszuwerden.

### Schulterchakren

Ich glaube an die Schulterchakren, weil ich sie in meinem eigenen Körper wahrnehme, weil sie eingreifen, wenn ich etwas Übersinnliches tue. Sie verlaufen durch die Schultern, von vorne nach hinten. Einige sagen, dass sie über den Achselhöhlen sind, aber das ist nicht meine Erfahrung. Meine scheinen höher zu sein.

## Seitenchakra

Unterhalb der linken Achselhöhle befindet sich ein Chakra, das mit der Selbstermächtigung und der Fähigkeit zu tun hat, für sich selbst einzustehen. Wenn dieses Chakra zu offen ist, können andere die Person ausnutzen. Wenn es blockiert ist, kann man irritiert und wütend sein und Probleme mit dem Immunsystem haben.

## Wirbelsäulenchakren

Zwei Chakren an jeder Seite der Wirbelsäule sind mit dem Studieren verbunden. Sie sitzen direkt unter den Schulterblättern. Konzentrieren Sie sich beim Lernen für einen Moment auf diese Punkte, damit sie sich öffnen.

## Doppelte Herzchakren

Das untere Herzchakra bestimmt die romantische Liebe und die Liebe zu Familie, Freunden, Kindern und Haustieren. Wenn es aus dem Gleichgewicht ist, kann es obsessive Liebe verursachen und zusammen mit der Wirbelsäulenchakra zu sexueller Obsession. Das obere Herzchakra ist spiritueller, es geht um die Liebe zu Engeln, Gottheiten, spirituellen Führern und dem Universum.

## Armchakren

Diese Chakren gehen durch die Ellbogen von vorne nach hinten. Sie sind mit dem Fluss der heilenden Energie in den Armen bis zu den Händen verbunden und werden aktiv, wenn jemand Heilung gibt.

## Handchakren

Jeder Heiler und Hellseher ist sich bewusst, dass jede Hand ein Chakra hat, das von hinten durch die Hand zur Handfläche verläuft.

## Fingerchakren

Jede Fingerspitze hat ihr eigenes Chakra. Um dessen Wirkung zu sehen, nehmen Sie ein Pendel und halten Sie es nacheinander über Ihre Finger. Das Pendel dreht sich über jedem Finger in eine andere Richtung. Wenn Sie keine Reaktion bemerken, können Sie es an den Händen einer anderen Person versuchen, denn in Interaktion zwischen ihnen wird es eher klappen. In der Praxis geben diese Chakren Hilfe, wenn man heilt oder anderen hilft.

### Hüftchakren
Diese Chakren an den Seiten gehen von vorne nach hinten durch den Körper. Reiben Sie sie, wenn Sie sich geschützt und selbstbewusst fühlen wollen.

### Beckenchakren
Die Chakren auf beiden Seiten des Beckenbereichs geben Selbstvertrauen. Konzentrieren Sie sich darauf, wenn Sie mehr Kontrolle über Ihr Leben haben wollen.

### Kniechakren
Diese Chakren sollen von einer Seite zur anderen durch die Knie gehen, aber ich habe entdeckt, dass sie eigentlich durch das Bein von der Vorderseite des Knies nach hinten arbeiten. Sie sollen sich öffnen, wenn man betet oder Engel um Hilfe bittet.

### Fußchakren
Fußchakren gehen durch den Rist und durch die Fußsohlen, obwohl einige meinen, dass sie unter den Fersen sind. Diese Chakren werden bei der Erdungsmeditation aktiviert. Wenn man extrem nervös oder angespannt ist, kann man versuchen, Licht durch deinen Körper und durch die Fußsohlen zum Boden zu senden, das hilft, sich zu beruhigen. Auf Sand oder Gras zu stehen kann auch helfen, sich zu erden.

## Chakren unter dem Körper

### Bodenchakren
Es gibt eine Theorie, dass der Boden unter den Füßen einen chakra-artigen Effekt hat. Wenn dieses Chakra blockiert ist, kann es Gefühle der Hilflosigkeit und der Unfähigkeit erzeugen, mit den praktischen Dingen des täglichen Lebens fertig zu werden. Dieser Bereich ist empfindlich gegenüber geopathischen Stressoren wie Strommasten, Umweltverschmutzung, zu viel Wasser hinter dem Haus oder dem Arbeitsplatz, oder Umweltgiften. Eine Möglichkeit, diesen Chakra-Bereich auszugleichen, besteht darin, mit einigen braunen Steinen wie Tigerauge, Achat oder Feuerstein in der Nähe der Füße zu sitzen und über das Bedürfnis nach Ruhe, mentalem Gleichgewicht und klarem Geist zu meditieren.

❋ ❋ ❋

4

# SCHWACHE CHAKREN ERKENNEN

Zu jeder Zeit werden einige unserer Chakren stark sein, während ein oder zwei aus körperlichen, emotionalen oder spirituellen Gründen schwach oder falsch ausgerichtet sein können. Wenn Sie zum Beispiel, eine Phase von Wintererkältungen und Brustinfektionen durchmachen, ist es offensichtlich, dass Ihr Hals- und Herzchakra Heilung brauchen. Bei einem verstauchten Knöchel hilft die Heilung der Fußchakren und des Basischakras, da dieses Chakra auch die Beine und Füße beeinflusst. Kopfschmerzen erfordern die Behandlung von Scheitel- und Stirnchakren, aber auch des Halschakras aufgrund seiner Verbindung zum Kiefer und der oberen Wirbelsäule, wo Spannungskopfschmerzen auftreten können.

Eine Person kann ein oder mehrere der Hauptchakren haben, die nicht richtig funktionieren, und wenn jemand sehr krank ist oder ein tiefes Trauma erleidet, werden die Aura und alle Chakren vorübergehend geschwächt. Das Folgende soll helfen, Chakren zu identifizieren, die schwach, blockiert oder fehlerhaft sind. Die folgenden Ideen sind dabei nützlich:

- Sehen Sie sich die folgenden Checklisten für die Bereiche an, in denen Sie Probleme haben oder die Sie verbessern möchten.
- Nehmen Sie ein Pendel, um die Probleme zu finden; ich werde später in diesem Kapitel darauf eingehen.
- Beantworten Sie das kurze Quiz am Ende dieses Kapitels.
- Konsultieren Sie einen Energieheiler, der die Fähigkeit hat, die Chakren zu sehen oder zu fühlen und herauszufinden, welche Ihrer Chakren nicht bzw. nicht vollständig funktionieren.

# Checkliste für Chakren

## Basischakra

- Sorge um unsere Grundbedürfnisse wie Heim, Job, Fahrt zur und von der Arbeit, Geld und Besitz. Überlebensinstinkt, Sicherheit.
- Liebe zur Musik und Rhythmus vor allem Rockmusik und Schlagzeug.
- Liebe zur Natur und Sexualität.
- Fortpflanzungsorgane, Abfallbeseitigung und Zellvermehrung.

## Sakralchakra

- Bedürfnis nach Nähe, Glück und Offenheit zu anderen.
- Gesunde Emotionen, gutes Sexualleben und Glück in persönlichen Beziehungen.
- Gute Beziehungen bei der Arbeit mit Chefs und Kollegen.
- Kreativität.
- Fortpflanzungsorgane, Adrenalin, Nieren und Verdauungssystem.

## Solarplexus-Chakra

- Willenskraft, Führung, Managementfähigkeiten und die Fähigkeit, in der eigenen Karriere erfolgreich zu sein.
- Geist, Intelligenz und die Fähigkeit zu studieren und zu lehren.
- Eine glückliche Familie und ein gut geführter Haushalt.
- Leber, Milz, Bauchspeicheldrüse und Darm.

## Herzchakra

- Mitgefühl und Empathie für andere, bedingungslose Liebe, Emotionen.
- Großzügigkeit und gute Beziehungen.
- Ausreichendes Einkommen für ein angenehmes Leben
- Immunsystem, Kreislauf und Herz.

### Halschakra

- Kommunikationsfähigkeit, gesunder Menschenverstand, Intelligenz, und Logik.
- Fähigkeit, anderen zuzuhören und mitzufühlen.
- Wahrheit, Kreativität und Beurteilung der Form und Größe der Dinge um uns herum.
- Stimmbänder, Kehlkopf, Schilddrüse, Ghör und Lymphsystem.

### Stirnchakra

- Klares Denken, guter Verstand und Fantasie.
- Hellsehen, Spiritualität, außersinnliche Wahrnehmungen, innere Weisheit und Intuition.
- Ehrlich, zuverlässig, mitfühlend, anständig und fähig.
- Nervensystem und Schädel.

### Scheitelchakra

- Idealismus, Humanität, Großzügigkeit, Hilfsbereitschaft und die Fähigkeit, sich mit Geistern zu verbinden.
- Spirituelle statt materieller Ziele, zusammen mit psychischen Gaben.
- Verbindung mit dem Universum, mit Gottheiten und dem höheren Bewusstsein.
- Gehirn, Spiritualität und spirituelle Abwehrsysteme.

## Nebenchakren

Das wichtigste von ihnen ist wahrscheinlich das achte Chakra, das sich direkt über dem Kopf befindet, und als soll Tor zwischen dieser Welt und der nächsten fungiert. Negativ kann es sich in übertriebenem Streben nach Geld, aber auch in mangelnder Ausgeglichenheit und mangelndem Hausverstand manifestieren.

## Astrologie und Elemente

Wenn Sie sich für Astrologie oder die vier Elemente Feuer, Erde, Luft und Wasser interessieren, finden Sie hier einige grundlegende Merkmale, die Sie berücksichtigen sollten. Wenn ein bestimmtes Element auf Ihrem Horoskop stark präsent ist, werden Sie ein Gefühl für die damit verbundenen Chakren bekommen. Es gibt zwölf Tierkreiszeichen, aber nur sieben Chakren, von denen zwei mit je einem Zeichen verbunden und fünf zwei Zeichen zugeordnet sind. Sie werden sehen, dass das so gut passt. Die Tabelle auf Seite 22 hilft, diese Verbindungen zu sehen.

### **Feuerzeichen** (Männlich)

WIDDER, LÖWE, SCHÜTZE Wenn Sie zu einem Feuerzeichen gehören, denken und handeln Sie schnell und Sie ergreifen schnell eine sich bietende Gelegenheiten. Sie haben starke Führungsqualitäten. Manchmal sind Sie egoistisch, weil Sie nicht immer darauf achten, wie Ihre Handlungen auf die Menschen um Sie herum wirken. Allerdings ist Ihr Herz am richtigen Ort und Sie sind idealistisch, spontan, liebevoll und großzügig. Sie sind weniger selbstbewusst, als es scheint, und können depressiv werden, wenn etwas schief geht. Es gibt zwei Zeichen, die mit dem Basischakra verbunden sind, aber nur eines davon ist ein Feuerzeichen. Ein Zeichen ist mit dem Solarplexus-Chakra verbunden und zwei mit dem Scheitelchakra, von denen eines ein Feuerzeichen ist. Folgende Feuerzeichen sind mit den Chakren verbunden:

| | | | |
|---|---|---|---|
| Chakrenverbindung | Basis (Widder) | Solarplexus (Löwe) | Stirn (Schütze) |

### **Erdzeichen** (Weiblich)

STIER, JUNGFRAU, STEINBOCK Sie sind praktisch, vernünftig fleißig und verlässlich, wenn man Ihnen Verantwortung auferlegt. Sie stürzen sich nicht in eine Aufgabe, weil Sie lieber in Ihrem eigenen Tempo arbeiten. Sicherheit ist Ihnen wichtig, sowohl im finanziellen Sinne als auch in Ihren persönlichen Beziehungen. Sie sind gerissen im Business und vielleicht ein wenig zu materialistisch, jedenfalls aber sind Sie bereit, für sich und Ihre Familie zu sorgen. Es gibt zwei Zeichen, die mit dem Herzchakra verbunden sind, aber nur eines davon ist ein Erdzeichen; Dasselbe gilt für das Hals- und das Scheitelchakra. Die Erdzeichen, die mit den Chakren verbunden sind, sind folgende:

| | | | |
|---|---|---|---|
| Chakrenverbindung | Herz (Stier) | Hals (Jungfrau) | Scheitel (Steinbock) |

## **Luftzeichen** (Männlich)

**ZWILLINGE, WAAGE, WASSERMANN** Sie sind eine gesellige Gruppe und wollen immer auf dem neuesten Stand sein. Sie suchen Kontakt zu anderen und wissen, was in Ihrer Umgebung vor sich geht. Im Berufsleben treffen Sie Menschen am liebsten von Angesicht zu Angesicht und kommunizieren klar und offen. Sie sind nicht besonders geschickt mit Geld, aber Sie arbeiten hart und bleiben in der Regel schuldenfrei. Sie sind eher distanziert und können mit einem emotional abhängigen Partner nicht gut umgehen. Zwei Zeichen sind mit dem Herzchakra verbunden, aber nur eines davon ist ein Luftzeichen. Zwei Zeichen sind mit dem Halschakra verbunden, aber nur eines davon ist ein Luftzeichen, während Wassermann nirgendwo erscheint. Folgende Luftzeichen sind mit den Chakren verbunden:

| | | | |
|---|---|---|---|
| Chakrenverbindung | Herz (Waage) | Hals (Zwillinge) | Scheitel (Wassermann) |

## **Wasserzeichen** (Weiblich)

**KREBS, SKORPION, FISCHE** Sie scheinen langsam von Begriff zu sein, weil Sie Zeit brauchen, nachzudenken, bevor Sie sich auf etwas festlegen, aber Ihre Intuition ist stark und Sie können sich auf sie verlassen. Schlauheit und Intuition machen Sie zu einem erfolgreichen Geschäftsmann. Wegen Ihrer tief reichenden Emotionen und Gefühle, sind sie leicht verletzlich. Sie lieben aufrichtig und lassen Freunde oder geliebte Menschen nicht im Stich. Zwei Zeichen sind mit dem Basischakra verbunden, aber nur eines ist ein Wasserzeichen. Ein Zeichen, das mit dem Sakralchakra verbunden ist, ist ein Wasserzeichen. Zwei Zeichen sind mit dem Stirnchakra verbunden, von denen eines ein Wasserzeichen ist. Folgende Wasserzeichen sind mit Chakren verbunden:

| | | | |
|---|---|---|---|
| Chakrenverbindung | Basis (Skorpion) | Sakral (Krebs) | Stirn (Fische) |

## Chakrenprobleme mit dem Pendel entdecken

Ein Pendel kann ganz einfach eine schwerere Nadel an einem Baumwollfaden sein, oder ein Anhänger an einer dünnen Kette. Beides ist gut, wenn Sie nichts anderes zur Hand haben, aber wenn Sie regelmäßig spirituelle Arbeit machen möchten, lohnt es sich, die richtige Ausrüstung dafür zu kaufen.

Es gibt viele preiswerte Pendel in Geschäften oder auf spezialisierten Websites oder Esoterikmessen zu kaufen. Sie können ein Pendel mit einem Kristall, einem geformtes Glasstück, einem speziell geschnitztes Holz oder einem einfachen Metallgewicht wählen. Holz finde ich zu leicht, daher arbeite ich lieber mit Glas oder einem Kristall, aber es ist eine Frage der persönlichen Vorliebe. Ich würde das Pendel in eine hübsche Tasche oder einen Beutel legen, um es sicher und sauber zu halten, wenn es nicht verwendet wird, und es außerhalb der Reichweite von Kindern und Haustieren aufbewahren und nur für spirituelle Arbeit verwenden.

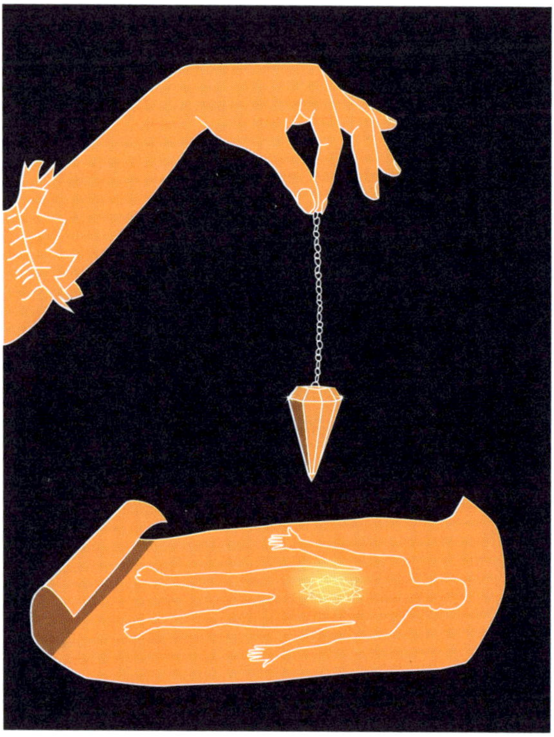

Sobald Sie Ihr Pendel haben, müssen Sie es von Rückständen reinigen, die sich darauf angesammelt haben, wenn Sie von anderen Personen verwendet wurden oder in einem staubigen Geschäft oder Lager herumlagen. Waschen Sie das Pendel mit Quellwasser oder Regenwasser; trocknen Sie es vorsichtig mit Papiertüchern; lassen Sie es dann für eine Weile an der frischen Luft liegen. Nehmen Sie dann Ihr Pendel in die Hand und stellen Sie sich weißes Licht vor, das vom Universum auf das Pendel fällt. Bitten Sie Ihre Engel, Gottheiten oder spirituellen Führer, das Pendel zu segnen und es zum Wohle derer arbeiten zu lassen, die Hilfe benötigen.

Nehmen Sie sich Zeit, Ihr Pendel zu »stimmen«, bevor Sie es das erste Mal verwenden, halten Sie dazu das Pendel an der Kette oder am Faden und bitten Sie es mental, Ihnen zu zeigen, wie es reagieren würde, wenn es Ihnen eine positive »Ja«-Antwort geben möchte. Es kann eine kreisförmige Bewegung im Uhrzeigersinn oder gegen den Uhrzeigersinn machen oder es kann sich von einer Seite zur anderen bewegen oder vor und zurück schwingen. Bitten Sie dann das Pendel, Ihnen eine »Nein«-Antwort zu geben und sehen Sie, was passiert. Jetzt wissen Sie, wenn Sie eine positive Antwort auf Ihre Frage erhalten, aber es gibt einige subtile Unterschiede, die Sie beachten müssen, wenn Sie auf die Suche nach Chakren gehen.

## Gestörte Chakren markieren

Normalerweise ist das Kopieren aus einem Buch eine Urheberrechtsverletzung, aber für diese spezielle Aufgabe gebe ich Ihnen meine Erlaubnis, auf den folgenden Seiten Fotokopien der Skizzen von Mann und Frau zu erstellen.

Nehmen Sie die Kopie einer Skizze, setzen Sie den Namen der Person und das Datum darauf. Wenn Sie ein Chakra finden, markieren Sie es auf der Kopie, damit Sie einen Überblick über die Lage bekommen. Wenn Sie glauben, dass ein Chakra gut funktioniert, markieren Sie es grün oder blau, wenn Sie spüren, dass ein Chakra blockiert oder gestört ist, markieren Sie es rot.

## Verwendung des Pendels

Bitten Sie einen Freund, sich bequem hinzulegen, und bitten Sie Ihr Pendel, Ihnen zu zeigen, wo sich jedes Chakra befindet. Halten Sie das Pendel über einen der Füße Ihres Freundes in einem Abstand von etwa 15 cm und achten Sie darauf, ob das Pendel reagiert. Das Pendel kann in einer Richtung bei einem Fuß und in der anderen beim anderen Fuß kreisen oder es kann sich bei einem Fuß von Seite zu Seite bewegen und beim anderen auf und ab. Gehen Sie dann zu den Knien Ihres Freundes und schauen Sie, ob Sie dort etwas spüren können.

Arbeiten Sie sich nun den Körper hinauf und nehmen ein Chakra nach dem anderen in Angriff. Wenn es um die »gespiegelten« Chakren geht, mit denen ich eins auf jeder Seite des Körpers meine, wie in den Schultern oder Hüften, wird das Pendel in eine andere Richtung gehen. An den Hauptchakren entlang der Wirbelsäulew sollte das Pendel seine Bewegung von einem zum nächsten umkehren.

An den Händen zeigt jede Handfläche ein Chakra, ebenso wie jede Fingerspitze, und jede wird sich anders bewegen. Einige können sich von Seite zu Seite oder vor und zurück drehen oder schwingen.

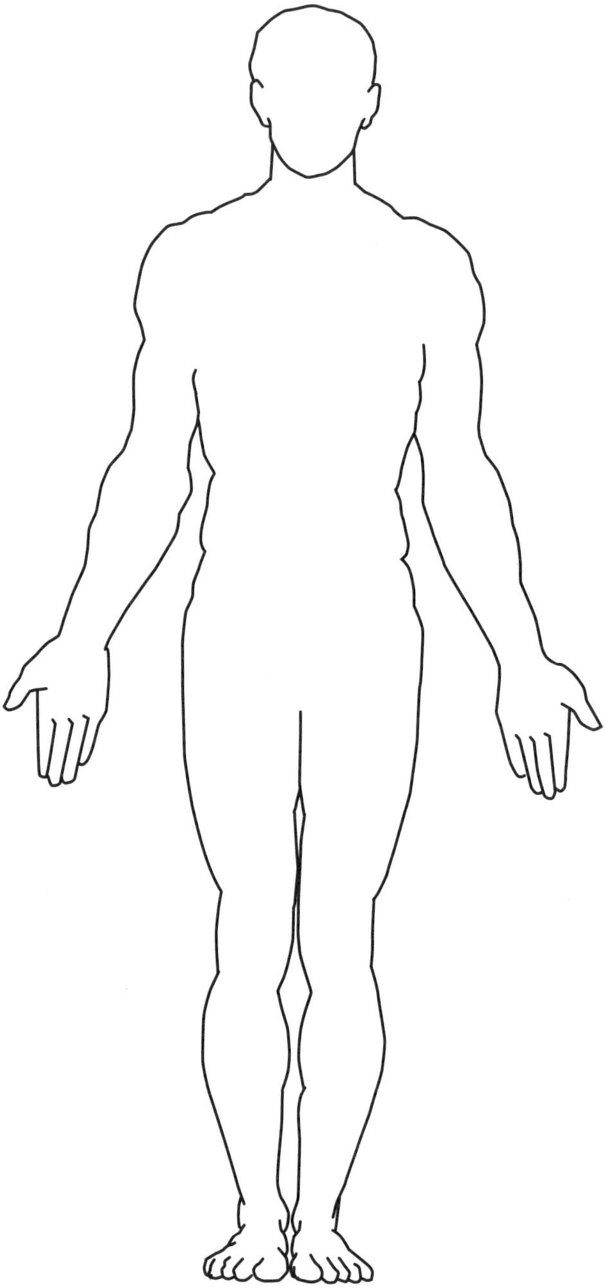

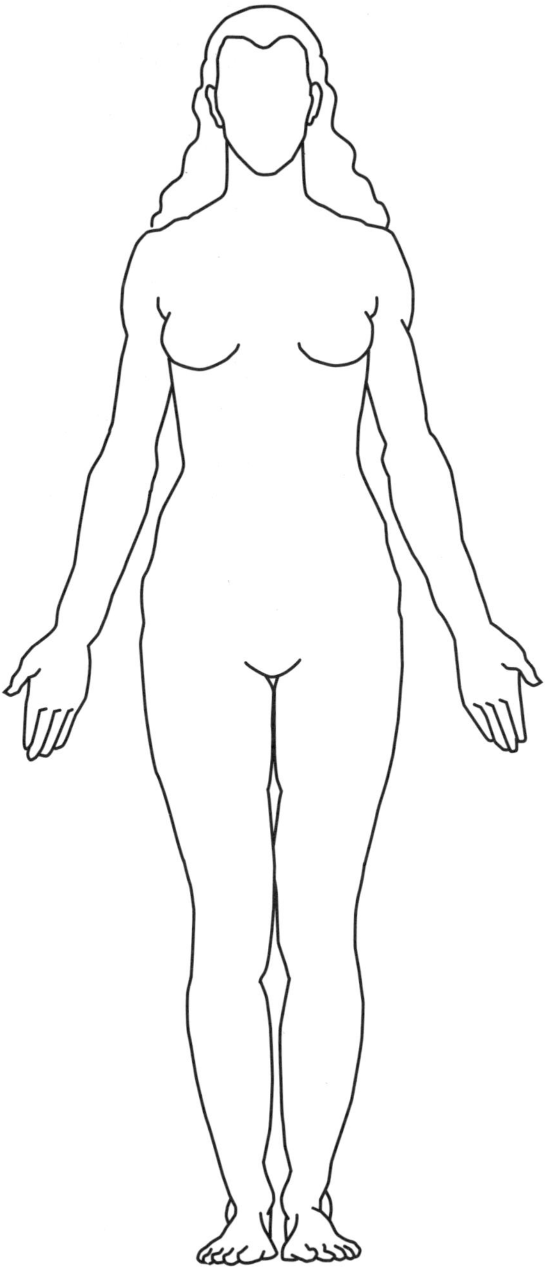

## Fehlerhaftes Chakra

Es ist leicht zu erkennen, welches Chakra geheilt werden muss, da das Pendel sich dort nur schwer bewegt. Das ist besonders deutlich, wenn es um die sieben Hauptchakren geht, denn die Illustrationen in diesem Buch zeigen, wo sie sich befinden. Wenn Sie also einen Punkt erreichen, an dem es definitiv ein Chakra geben sollte und das Pendel sich nicht bewegt, wissen Sie, dass Sie das Problem gefunden haben.

## Übermäßiges Chakra

Wenn ein Chakra stärker reagiert als die anderen, ist es wahrscheinlich überreizt, möglicherweise weil es ein nahegelegenes Chakra ausgleicht, das nicht richtig funktioniert.

## Energie spüren

Manche Menschen können Energie durch ihre Hände spüren-diese empfindlichen Menschen könnten sogar mit bloßen Händen in einer Wüste Wasser auf-

### Wünschelrute

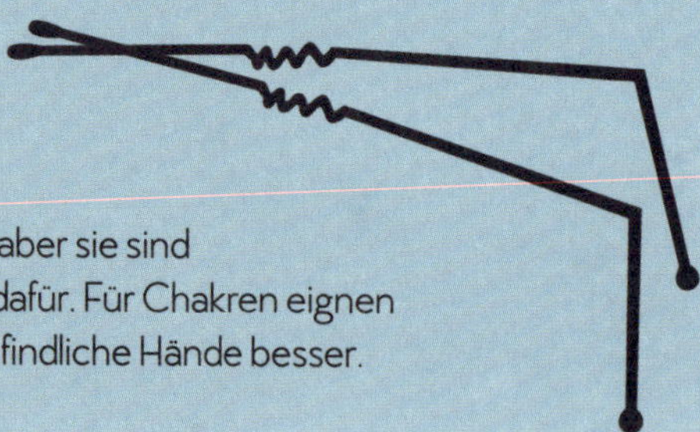

Theoretisch können Sie Wünschelruten verwenden, um Chakren zu finden und ihre Stärke zu beurteilen, aber sie sind zu groß und unpraktisch dafür. Für Chakren eignen sich ein Pendel oder empfindliche Hände besser.

## PERSÖNLICHE ANMERKUNG

Ich probierte an meinem Mann das Pendeln aus und entdeckte dabei, dass entgegen der alten Lehren seine Kniechakren nicht von Seite zu Seite verlaufen, sondern von vorne nach hinten gehen.
Ich fand auch zwei Chakren bei jeder Schulter, eines am Schultergelenk und ein weiteres knapp über der Achselhöhle. Das beantwortet die Frage, wo genau sich die Schulterchakren befinden, denn wie es scheint gibt es zwei an jeder Schulter.

spüren. Sie können feststellen, ob Sie Energie fühlen können, wenn Sie Ihre Hände wie beim Beten falten und sie dann etwa fünfundvierzig Zentimeter auseinander ziehen. Führen Sie dann Ihre Hände langsam wieder zusammen und halten Sie an, sobald Sie ein Druckgefühl spüren. Es fühlt sich an, als würden Ihre Hände einen unsichtbaren Ballon berühren. Der Druck, den Sie fühlen, ist die Aura, die von beiden Händen kommt und sich in der Lücke zwischen ihnen trifft. Wenn Sie diese Art von Druck spüren, können Sie Ihre Hände in einem Abstand von etwa fünfzehn Zentimeter über den Körper Ihres Freundes legen und beobachten, was Sie fühlen. Ein Gefühl von Druck, der von einem Chakra kommt, zeigt, dass es funktioniert, aber wenn die Kraft im Vergleich zu den anderen Chakren zu groß erscheint, könnte es eine Überlastung sein, vielleicht als Ausgleich für ein anderes Chakra, das nicht richtig funktioniert.

# Chakra-Quiz

Dieses einfache Quiz enthält ein paar Fragen, die Ihnen helfen können, schwache Chakren zu identifizieren. Kreuzen Sie die entsprechenden Kästchen an. Die Chakren sind in der letzten Spalte aufgelistet.

Der Einfachheit halber sind die sieben Hauptchakren einschließlich des achten Chakras oberhalb des Kopfes mit Nummern aufgeführt.

1. **Basis**
2. **Sakral**
3. **Solarplexus**
4. **Herz**
5. **Hals**
6. **Stirn**
7. **Scheitel**
8. **Oberes**

| Thema | Ja | Manchmal | Chakren |
|---|---|---|---|
| Ein Dach über dem Kopf und meine Familie zu ernähren, ist mir wichtig. | | | 1 |
| Ich habe genug für meine Bedürfnisse, aber es könnte mehr sein. | | | 1, 2 |
| Ich würde lieber mit Vorgesetzten und Kollegen arbeiten, die ich mag. | | | 2, 3, 4 |
| Ich will in einer Partnerschaft sein, und ich vermisse es, wenn niemand da ist, mit dem ich schlafen kann. | | | 2, 4 |
| Ich weiß Schönheit um ihrer selbst willen mehr zu schätzen als um ihren Wert, aber es gibt nicht viel Schönheit um mich herum. | | | 4, 6 |
| Ich liebe meine Freunde und Familie und ich möchte, dass sie mich lieben. | | | 4 |
| Ich frage jeden nach seiner Meinung, wenn ich eine Entscheidung treffen muss. | | | 3, 5 |
| Ich möchte kreativer oder künstlerischer arbeiten. | | | 3, 6 |

| | | | |
|---|---|---|---|
| Ich bin nicht sicher, ob mich meine geistlichen Führer hören, wenn ich sie bei einer Entscheidung um Hilfe bitte. | | | 5, 7 |
| Ich würde gerne heilen und anderen helfen, aber ich traue mir das nicht zu. | | | 4, 7 |
| Ich will wissen, wie ich es verhindern kann, herumgeschubst zu werden. | | | 3, 5 |
| Ich wünschte, ich könnte mehr für den Planeten und die Umwelt tun. | | | 1, 6, 7 |
| Ich fühle dass ich durch das Leben treibe ohne Verbindung zu Gott oder dem Universum. | | | 7, 8 |
| Meine Familie sollte auf mich hören und meine Position verstehen. | | | 5 |
| Ich würde gerne reisen und mehr über die Welt erfahren, aber ich kann im Moment nicht. | | | 3, 5 |
| Es wäre besser, mehr Geld zu haben. | | | 1, 2, 8 |
| Ich würde gerne den Sinn der Welt verstehen.. | | | 7, 8 |
| Ich wünschte, ich könnte Probleme spüren, bevor sie auftreten. | | | 6 |
| Ich helfe gerne anderen, und ich wünschte, ich könnte Hilfe von anderen erhalten, wenn ich sie brauche. | | | 3, 4, 5 |
| Ich befinde mich in tiefster Verzweiflung und benötige Hilfe. | | | Alle Chakren |

* * *

# TEIL II

# CHAKRA-HEILUNG

5

# CHAKRA-ARBEIT: GRUNDLAGEN

# ENERGIE- UND GEISTHEILUNG

Der Begriff *Energieheilung* ist in den letzten Jahren in Gebrauch gekommen, und er ist so treffend, dass ich mir keinen besseren vorstellen kann. Eine Reihe von Methoden treten unter dieser Bezeichnung auf, aber jenseits allen Hypes, kommt es auf die Fähigkeit an, heilende Energie zu nutzen und sie der Person zukommen zu lassen, die sie braucht. Manchmal ist die Heilung spezifisch auf die Chakren gerichtet; in anderen Fällen wird sie einfach auf den Empfänger übertragen, woraufhin die Chakren sie aufnehmen und nutzen können.

Wenn der Heiler nicht zufällig auch Arzt ist, sollte er keine bestimmte Diagnose stellen, er kann aber den kranken Körperbereich spüren, und hoffentlich genau die Chakren, die von der Heilung profitieren würden.

Energieheilung ist nichtinvasiv; sie wendet kein Mittel auf dem oder im Körper an, und der Betroffene bleibt vollständig bekleidet. Ein oder zwei Heiler können an einer Person arbeiten, die auf einer Therapieliege sitzt oder liegt. Sie nutzen ihre Verbindung zum »Geist«, um die Energie durch sich selbst und durch ihre Hände zu kanalisieren und die Energie in die Chakren des Klienten zu lenken. Eine gute Methode ist, weißes Licht mit blassblauen Anteilen für die Gesundheit, weißes Licht mit blassgrünen Anteilen für emotionale Menschen oder mit helllila für spirituelle Menschen zu den Chakren zu leiten.

Bei einer Fernheilung, kann der Heiler eine Skizze des Klienten erstellen oder ein Foto verwenden. Er könnte ein oder zwei Zentimeter über dem Bild ein Pendel halten, bis es zu einem bestimmten Teil des Körpers gezogen wird, und dann einen Strahl heilenden Lichts an den entfernten Klienten senden, wobei er sich insbesondere auf den erkrankten Bereich konzentriert.

Es gibt auch das, was ich »Sammel-Heilung« nenne, wobei ein Heiler einer Reihe von Menschen Heilung sendet, deren Namen auf einer Liste stehen. Es spielt dabei keine Rolle, woran die Klienten leiden, nur dass sie am empfangenden Ende eines Stroms heilender Energie sind. Der beste Weg, dies zu tun, ist, die Klienten zu bitten, sich auf den Heiler an einem bestimmten Tag und zu einer vorher festgelegten Zeit zu konzentrieren. Dann sendet der Heiler die Heilung aus. Ich meine, dass es nicht funktionieren wird, wenn der Heiler einfach Heilung aussendet, ohne dass die Klienten eingeschaltet aktiv dabei sind.

## Wie funktioniert Energie- und Geistheilung?

Da Energieheilung nicht invasiv ist, kann sie keinen Schaden anrichten. Der einzige Nachteil ist, dass der Klient eine sofortige Wunderheilung erwartet. Das passiert zwar gelegentlich, meist dauert es aber mehrere Sitzungen, bis die Heilung eintritt. Einige Klienten werden von der Heilung nicht profitieren, weil sie ein unausgesprochenes psychisches Bedürfnis haben, krank zu bleiben.

Geistheilung ist keine religiöse Heilung. Der Heiler muss zu keiner Kirche gehören oder an keinen Gott glauben. Die einzige Voraussetzung ist, dass der Klient gesund werden will. Die Idee hinter dieser Form der Heilung ist, dass der Heiler eine Energiequelle anzapft und sie durch seine Hände an den Klienten sendet.

Die Quelle, könnte eine Gottheit, ein Engel, ein Erzengel (besonders Raphael), ein spiritueller Führer, der Geist eines Ahnen, das Universum, die Natur, ein aufgestiegener Meister oder das höhere Bewusstsein des Heilers sein. Einfach gesagt wird Energie in den Körper des Heilers gezogen, oft durch die Visualisierung von weißem Licht (manchmal mit Anteilen anderer Farben), das wahrscheinlich über sein Scheitelchakra in den Heiler fließt.

Der Klient sitzt normalerweise auf einem geraden Stuhl oder Hocker, was dem Heiler ermöglicht, um den Klienten herum zu gehen und die Heilung aus verschiedenen Richtungen einfließen zu lassen. Auch wenn dies nicht auf die Chakren als solche gerichtet ist, wird es sie trotzdem erreichen.

Der Heiler kann den Kopf und die Schultern des Klienten sanft in seinen Händen halten, aber viele Heiler bevorzugen es, ihre Hände in kurzer Entfernung vom Klienten zu halten, vor allem, wenn der Heiler den ganzen Körper des Klienten bearbeitet. Der Heiler beginnt auf dem Rücken des Klienten und macht dann vorne weiter, damit er an den Beinen und Füßen arbeiten kann. Wenn der Heiler den Teil des Körpers fühlt, der geheilt werden muss, kann er darauf besonders achten. Der Klient kann Wärme, Kribbeln oder ein anderes Gefühl verspüren, während die Heilung stattfindet, oder er fühlt überhaupt nichts, aber es wird immer funktionieren, wenn Heilung in die Chakren einzieht und die eigene regenerative Kraft des Körpers ankurbelt.

## Spiritualität

Es ist manchmal schwierig für Menschen, ihren wahren spirituellen Weg zu erkennen, aber wenn jemand Stirn- und die Scheitelchakren geheilt wurden, wird die spirituelle Welt der Person ihren Weg offenbaren. Das kann auf sehr seltsame Weise geschehen, vielleicht indem ein bestimmtes Bild in einem Schaufenster, als Werbung auf vorbeifahrenden Fahrzeugen oder in Form einer Wolke auftaucht. Auch ein Musikstück oder ein Traum kann wichtige Erinnerungen wecken. Eine Meditationssitzung nach einer Heilungszeremonie öffnet Geist und Herz für Möglichkeiten, die man sonst vielleicht nicht in Betracht gezogen hätte.

## Öffnen der Chakren

Wenn Sie Energie-oder Geistheilung oder sonst eine psychische Arbeit verrichten oder eine tiefe Meditation durchführen wollen, müssen Sie die Chakren öffnen. Danach muss man sie wieder schließen, um zu vermeiden, dass Sie sich in den nächsten ein oder zwei Tagen eigenartig fühlen oder schlechte Träume haben.

Es gibt viele Möglichkeiten, Chakren zu öffnen und zu schließen, eine schnelle und einfache Methode ist, mit Licht und Farbe zu arbeiten:

- Beginnen Sie, indem Sie sich vorstellen, wie weißes Licht vom Universum kommend Ihr Scheitelchakra oben auf Ihrem Kopf erreicht. Wenn es ankommt, stellen Sie sich eine violette Blume vor, die sich dort öffnet und das Licht in Ihren Körper eindringen lässt.

- Lassen Sie das weiße Licht das Scheitelchakra befüllen und zu Ihrer Stirn gelangen, wo sich ein großes blaues Auge, das Stirnchakra, öffnet.

- Lassen Sie dann das Licht zu Ihrem Halschakra fließen, wo ein türkisblaues Licht aufleuchtet. Dieses Licht läuft von vorne nach hinten.

- Lassen Sie das Licht bis zu Ihrem Brustbereich kommen, wo Ihr Herzchakra liegt, und lassen Sie ein grünes Licht von vorne nach hinten aufleuchten. Lasse Sie es auch in Ihre Arme und Hände.

- Machen Sie nun dasselbe mit dem Solarplexus-Chakra, das sich direkt über dem Nabel befindet, und lassen Sie ein gelbes Licht aufleuchten.

- Bringen Sie dann das Licht zu Ihrem Sakralchakra, das sich in der Mitte Ihres Bauches befindet; dieses Licht ist orange gefärbt.

- Bringen Sie nun das Licht zur Basis Ihres Körpers, wo sich das Basischakra befindet, und lassen Sie ein rotes Licht aufleuchten.

- Lassen Sie das Licht Ihre Beine und Füße füllen und in den Boden darunter dringen.

## Schließen der Chakren

Bringen Sie zuerst das Licht von der Erde in Ihre Füße und Beine und schalten sie es aus, dann die weißen Lichter und alle farbigen Lichter, wobei Sie den Vorgang zum Öffnen der Chakren umkehren. Achten Sie darauf, dass Sie das Stirnchakra-Auge und die Blume am Scheitel schließen. Senden sie das Licht zurück ins Universum und bitten Sie darum, dass es denen gesandt wird, die Heilung brauchen.

Wenn Sie sich nach spiritueller Arbeit benommen fühlen, ziehen Sie Ihre Schuhe aus und laufen Sie auf Gras, Sand oder Erde herum. Wenn das nicht geht, stellen Sie sich vor, dass Sie sich in eine lila Decke hüllen, da diese Ihnen etwas spirituellen Schutz bietet, bis sich das Schwindelgefühl wieder gibt.

## Nach der Heilungssitzung

Kürzlich las ich in einem sehr altes Buch, dass der Heiler nach einer Heilungssitzung seine Hände ausschütteln sollte, um sich von den Energien zu befreien, die er von seinem Klienten aufgenommen haben könnte. Ich finde das nicht gut, da jemand unwissentlich durch den Bereich gehen kann, wo der »psychische Abfall« abgeladen wurde. Es ist besser für den Heiler, seine Hände zu waschen, wenn er aber an einem Ort ohne Waschgelegenheit arbeitet, sollte er eine Schüssel mit etwas Salz dabei haben, und wenn er seine Heilungssitzung beendet hat, sollte er seine Hände über dem Salz reiben oder schütteln. Salz ist ein reinigendes Material, das den »psychischen Abfall« absorbiert und neutralisiert.

## Professioneller Heiler

Berühren Sie nur Leute, die Sie gut kennen und die Sie wahrscheinlich nicht wegen eines eingebildeten »unangemessenen« Verhaltens verklagen werden. Wenn Sie ernsthaft mit dem Heilen beginnen wollen, ist es besser, in einer Gruppenumgebung wie einer Kirche, einem Heilungszentrum oder einer Esoterikmesse zu arbeiten. Sie sollten auch sicherstellen, dass die Organisation gegen Unfälle und Haftungsansprüche versichert ist. Wenn Sie alleine arbeiten, sollte immer eine

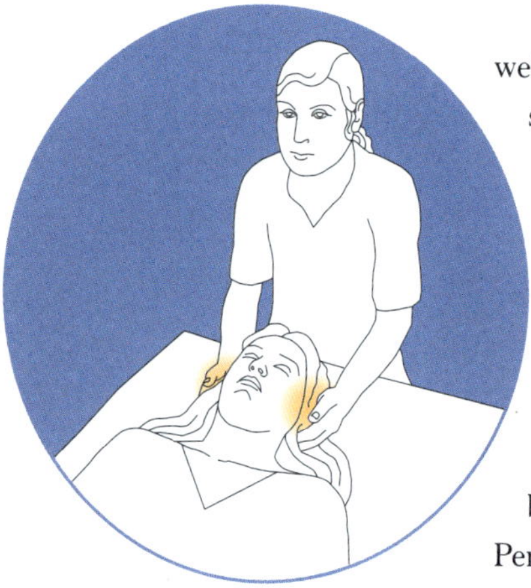

weitere Person während der Heilung anwesend sein. Das gilt, sowohl bei der Heilung einer Person Ihres eigenen als auch des anderen Geschlechts.

Wenn Sie ein professioneller Heiler oder Berater in Tarot, Astrologie, Therapie oder Ähnlichem werden möchten, sollten Sie eine Haftpflichtversicherung abschließen, die Schadenersatzansprüche bei Unfällen und Schäden an Waren oder Personen deckt.

Wenn Sie nicht wissen, wie Sie anfangen sollen, bekommen Sie auf meiner Website Information und Unterstützung: www.mbsprofessionals.com

## Qualifikationen

Wenn Sie die Fähigkeiten erworben haben und professionell arbeiten möchten, müssen Sie einer anerkannten Organisation beitreten und die notwendigen Qualifikationen erbringen. Sie können in vielen Ländern ohne Qualifikation arbeiten, solange Sie keine Honorar verlangen, aber Sie sollten trotzdem eine Ausbildung absolvieren und sich qualifizieren.

## Lektionen

Es gibt viele Gruppen die mit den gleichen Dinge wie Sie beschäftigen, und Organisationen, die Schulungen entweder persönlich oder online veranstalten. Wenn Sie nicht zu Meetings oder Kursen kommen können, nehmen Sie an Lektionen und Heilungssitzungen auf YouTube und anderswo. im Internet teil.

## Ego

Sie sind ein Kanal, der die heilende Kraft durchlässt, die ihre Arbeit tut. Nicht Sie vollbringen Heilung, sondern eine Quelle wie Gott, irgendeine Gottheit, Engel, aufgestiegene Meister oder das Universum. Alles, worauf Sie sich einstimmen können, wird funktionieren, solange Sie die Quelle durchströmen lassen und Ihr Ego nicht im Weg steht.

## Nicht jeder will geheilt werden

So erstaunlich es auch scheinen mag, es gibt Menschen, die ein persönliches Interesse daran haben, an ihren Beschwerden festzuhalten, die aus psychologischen Gründen mutwillig und manipulativ sein können. Was auch immer der Grund ist, bestehen Sie nicht darauf, dass jemand geheilt wird, der es nicht will, und wenn jemand Heilung erhält, aber sich weigert, gesund zu werden. Da kann ich nur vorschlagen, dass Sie es als zusätzliche Erfahrung abschreiben.

## Niemandem schaden

Arbeiten Sie zum Wohle anderer und immer auf der positiven Seite des Lebens. Fügen Sie *niemals* jemandem Schaden zu, auch wenn Sie die Person nicht ertragen können. Bedenken Sie, dass schlechte Handlungen immer auf die Person zurückzukommen können, die sie vollbringt. Ehrlich gesagt, würde ich jemandem, den ich verabscheute, keine Heilung geben. Wenn ich also gefragt würde, würde ich höflich ablehnen oder einen anderen Heiler empfehlen.

## Intentionen setzen

Bevor Sie eine Heilungssitzung beginnen, sollten Sie festlegen, was Sie erreichen möchten und wie Sie damit umgehen wollen. Das nennt man »Setzen von Intentionen«. Arbeiten Sie immer zum Wohle der Person, der Sie Heilung geben.

❋ ❋ ❋

6

# REIKIHEILUNG FÜR CHAKREN

Reiki ist ähnlich der Geistheilung, aber es verwendet bestimmte Handpositionen, die die Chakren erreichen, während die Heilung stattfindet. Reiki-Heiler tragen Bilder von bestimmten Symbolen im Kopf, während sie Heilung geben. Der Reiki-Heiler greift nicht auf einen spirituellen Führer zurück, sondern auf die »Reiki-Linie«, die eine spirituelle Verbindung mit den Menschen darstellt, die das Reiki-System geschaffen haben und dessen Verwendung auf der ganzen Welt gefördert und erweitert haben..

Reiki ist mehr als nur ein Heilungssystem. Es ist ein Weg zu spirituellem Bewusstsein, das den Anhängern hilft, ein glückliches Leben zu führen. Es beinhaltet regelmäßige spirituelle Einweihungen, eine 21-tägige Reinigungsphase, Meditationen, Atemübungen, Visualisierungen, Mantras, mystische Symbole und fünf Reiki-Anweisungen, die Reiki als heilendes und spirituelles System einzigartig machen. Es ist ein umfassendes Thema, auf das ich hier nur oberflächlich eingehen kann.

Der Reiki-Heiler muss mehrere Monate an sich selbst arbeiten, bevor er beginnen kann, Klienten zu heilen. Bevor sein Klient zur Beratung kommt, meditiert er, um seine eigene Energie und Lebenskraft zu erhöhen, damit er bereit ist, Heilung zu geben. Der Heiler sollte keinen Schmuck tragen, und wenn der Klient einen trägt, sollte er ihn abnehmen. Dann legt sich der Klient auf eine Therapieliege, während der Heiler seine Hände wäscht und ein stilles Gebet spricht, das um Heilung für seinen Klienten bittet.

Der Heiler führt seine Hände sanft über die Aura seines Klienten aus einer Entfernung von etwa zwanzig Zentimetern und glättet die Aura, während er sich auf den Klienten einstellt. Er legt seine Hände auf den Kopf des Klienten, bedeckt die Stirn und die Augen und hält die Hände für einige Momente an Ort und Stelle, um den Klienten von einer Vielzahl von chronischen Beschwerden zu befreien.

Der Heiler bewegt sich nun seitlich zum Kopf des Klienten.

Dann legt er seine Hände auf den Hinterkopf des Klienten.

Dann bewegt er sich in einer speziellen Reihenfolge zu verschiedenen anderen Körperteilen, während er Reiki-Heilung durch seine Hände fließt. Der Praktizierende kann eine Vielzahl von Empfindungen spüren und zum Beispiel zu einen Problembereich des Körpers gezogen werden, oder Schmerzen und Entzündungen wahrnehmen und so weiter.

## REIKI-MEISTER

Ein aufgestiegener Meister ist jemand, der zu Lebzeiten große spirituelle Heilungsfähigkeiten hatte, und diese Kraft ist jetzt für jene verfügbar geworden, die sie anzapfen möchten. Für Christen könnte dies Jesus Christus oder irgendein Heiliger sein, während für andere Reiki-Praktizierende die Verbindung mit Mikao Usui besteht, dem ursprünglichen Begründer des Reiki-Systems.

Der Punkt ist, dass der Heiler ein Kanal oder eine Leitung für die heilende Energie ist. Er hat keine eigene Macht, nur die Fähigkeit, Energie zu seinem Klienten zu kanalisieren. Ich vergleiche das mit Elektrizität, weil eine elektrische Leitung nichts tun kann, bis sie an einem Ende mit einer Stromquelle verbunden ist und dann Strom an das entsprechende Gerät oder die Maschine am anderen Ende liefert.

# Reiki und Chakren

Hier finden Sie eine kurze Zusammenschau der Probleme, die mit jedem der sieben Hauptchakren aus Sicht eines Reiki-Heilers verbunden sind:

## Basischakra

Dies ist der Ort der Kundalini, also muss es in Ordnung sein, damit alle anderen Chakren richtig funktionieren können. Es bezieht sich auf Probleme mit Knochen oder Darm, zusammen mit Aggression und psychischen Problemen verschiedener Art. Es geht um Angst und die Grundbedürfnisse des Überlebens.

## Sakralchakra

Dieses Chakra beeinflusst Blasen- und Nieren, Lymphprobleme und Probleme von Sexualität und Fortpflanzung. Es bezieht sich auf sexuelle Liebe und das Bedürfnis nach Gesellschaft, aber auch auf Phobien, Zwangsstörungen und Kleinlichkeit.

## Solarplexus-Chakra

Es beeinflusst Gallenblase, Leber, Bauchspeicheldrüse und Milz und somit Diabetes und Verdauungsstörungen, ist das Zentrum persönlicher Kraft und Stärke und kann sich auf Schuld oder den Wunsch beziehen, einer bedrückenden Situation zu entkommen. Gier und Egoismus, aber auch Selbstwertgefühl, Unsicherheit, Angst davor, unbeliebt zu sein und Angst vor Versagen sind möglich.

## Herzchakra

Das Herz, Kreislauf und Lungen werden hier reguliert, aber es gibt auch eine Menge emotionales Gepäck, das mit diesem Chakra verbunden ist: Selbstsucht und Manipulation anderer, aber auch Selbstvertrauen und Selbstakzeptanz.

## Halschakra

Probleme mit dem Halschakra können Wachstum und Entwicklung beeinflussen, aber auch Hals, Sprache und Gehör. Die Person findet es schwierig, ihre Gefühle auszudrücken, und für sich selbst zu sprechen, aber auf der anderen Seite kann sie arrogant sein und dazu neigen, andere zu kommandieren.

### Stirnchakra

Ein schwaches Stirnchakra ist verantwortlich für Probleme mit den Augen und den oberen Zähnen, aber auch für eine desorganisierten Person, die nichts beenden kann, was sie anfängt, Schwierigkeiten beim Studium und wenig Intuition hat.

### Scheitelchakra

Dieses Chakra bezieht sich auf das Gehirn. Es verbindet sich auch mit Spiritualität und Karma. Wenn das Chakra fehlerhaft ist, hat die Person kein Interesse an spirituellen Angelegenheiten, oder seltsame Einstellungen haben und zu extremen Formen der Religiosität hingezogen werden.

## Chakraheilung durch Reiki

Der Reiki-Heiler hält seine Hände etwa zwanzig bis fünfundzwanzig Zentimeter über den oben genannten Chakren, während er Reiki-Visualisierungen und Heilkraft ausstrahlt.

- Er behandelt gleichzeitig Basischakra und Stirnchakra.
- Er behandelt gleichzeitig Sakralchakra Halschakra.
- Er behandelt gleichzeitig Solarplexus-Chakra und Herzchakra.

Ein System, das für mich viel sinnvoller ist, ist den Klienten zu bitten, sich seitlich hinzustellen, während der Praktizierende seine Hände einige Zentimeter vom Körper entfernt hält und sich sowohl mit der Vorder- als auch der Rückseite eines Chakras beschäftigt, bei dem ein Problem zu geben scheint.

### Tipp

Ich habe immer gehört, dass es keine gute Idee ist, wenn ein Heiler seine Hände auf den Scheitel eines Klienten legt. Das scheint durch das, was ich in meiner Forschung über Reiki entdeckt habe, bestätigt zu werden.

## Nebenchakren

Die Nebenchakren verbinden sich mit den Funktionen einiger der sieben Hauptchakren. Wenn es also Probleme mit den Hauptchakren gibt, könnte der Reiki-Heiler entscheiden, an diesen kleinen statt am Hauptkörper des Klienten zu arbeiten. So funktionieren die Verbindungen:

- Die Handchakren verbinden sich mit dem Sakral-, dem Solarplexus- und dem Herzchakra.
- Die Ellbogenchakren verbinden sich mit den Sakral- und Solarplexus-Chakra.
- Die Schulterchakren verbinden sich mit dem Solarplexus- und Halschakra.
- Die Fußchakren verbinden sich mit dem Basis- und den Solarplexus-Chakra.
- Die Knie-Chakren verbinden sich mit dem Hals- und Stirnchakra.

7

# KRISTALLHEILUNG FÜR CHAKREN

Wenn man ein blockiertes oder falsch ausgerichtetes Chakra löschen möchte, kann man dazu Kristalle nehmen, die direkt mit diesem Chakra verbunden sind. Obsidian oder roter Jaspis können das Basischakra oder Lapislazuli das Halschakra heilen. Wenn man eines der oberen Chakren, wie das Herz-, Hals-, Stirn- oder Scheitelchakra, beleben möchte, kann man einen »wärmenden« Kristall, wie Granat oder Karneol, verwenden und wenn man ein überlastetes oder überhitztes unteres Chakra, wie das Basis-, Sakral- oder Solarplexus,-Chakra beruhigen möchte, kann man z.B. blauen Spitzenachat, Jade oder Bergkristall verwenden. Was auch immer Sie nehmen, Kristallheilung kann keinen Schaden anrichten.

## Vorbereiten der Kristalle

Bevor Sie Kristalle, besondere Steine oder Metalle verwende, müssen Sie von Staub und Schmutz und von negativer Energie befreit werden, die sie aufgenommen haben, als sie davor von Menschen berührt wurden. Waschen Sie die Kristalle in Regenwasser oder abgefülltem Quellwasser. Verwenden Sie kein Mineralwasser, da die darin enthaltenen Salze die Kristalle beschädigen könnten. Sobald Ihre Kristalle sauber sind, lassen Sie sie für vierundzwanzig Stunden im Freien draußen, damit sie die Kraft der Sonne und des Mondes aufnehmen können. Das geht auch, wenn

es bewölkt ist, aber es funktioniert besser bei klarem Himmel. Nehmen Sie dann die Kristalle in Ihre Hände und stellen Sie sich weißes Licht aus dem Universum vor. Bitten darum, dass die Kristalle gesegnet werden und dass sie Ihnen und anderen helfen, wann immer sie benutzt werden.

Bewahren Sie die Kristalle in sorgfältig auf, und halten Sie sie von Kindern und Haustieren fern. Von Zeit zu Zeit können Sie Ihre Kristalle wieder mit Energie versorgen, indem Sie sie in den Rauch eines Räucherstäbchens tauchen und das Universum bitten, sie zu segnen und sie für Sie und andere hilfreich zu machen.

## Tipp

Einige Steine können sich in Flüssigkeit auflösen, reinigen Sie sie lieber mit einem Papiertuch. Zünden Sie dann ein Räucherstäbchen an und halten Sie die Steine in den Rauch, während Sie das Universum bitten, sie zu segnen und ihnen die Kraft zu geben, die sie für die Heilung benötigen.

## Kristallheilung

Die Person, die Sie heilen möchten, soll sich irgendwo bequem hinlegen. Dies kann auch auf dem Boden sein, auf einer Decke oder Bettdecke. Jetzt haben Sie die Wahl, weil Sie die relevanten Kristalle, Steine oder Metalle neben dem Klienten platzieren können, oder Sie können einen geeigneten Kristall für ein paar Minuten über ein Chakra halten und ihn etwa fünfzehn bis zwanzig Zentimeter über den Körper der Person halten.

Wenn Sie sich selbst heilen, oder wenn Sie jemand anderem helfen, und keine Gelegenheit zum Liegen vorhanden ist können Sie auch Folgendes tun: Halten Sie den Kristall in einer Hand und konzentrieren Sie sich darauf, die Kristallenergie zum entsprechenden Chakra zu senden. Um jemand anderen zu heilen, bitten Sie den Klienten, den Kristall in der Hand zu halten, während Sie die Energien zum entsprechenden Chakra senden.

Wenn Sie das Gefühl haben, dass die Person mehr Erdung braucht, platzieren Sie einen schwarzen oder braunen Kristall neben jedem Fuß.

### Tipp

Wenn Sie keinen speziell geeigneten Kristall haben, nehmen Sie einen klaren Kristall, der immer helfen wird.

## Gewöhnliche Kristalle für gewöhnliche Probleme

Diese preiswerten Kristalle sind leicht erhältlich und können häufige Probleme lösen:

### Bergkristall

Dieser farblose Stein kann an die Stelle jedes Kristalls treten und für jedes Problem verwendet werden und dem den Körper helfen, sich selbst zu heilen, ob von einem körperlichen oder einem mentalen, emotionalen oder spirituellen Problem.

### Rosenquarz

Dieser rosafarbene Stein hat ein paar wirklich nützliche Eigenschaften. Erstens kann er helfen, ein gebrochenes Herz zu heilen oder Gefühle der Liebe zu fördern. Zweitens kann er Trost und Beruhigung in traumatischen und stressigen Zeiten bringen.

### Bernstein

Dieser warme, goldene Stein ist überhaupt kein Kristall, sondern ein erstarrtes Stück Baumharz, das gut eine Million Jahre alt sein kann, also fast alles schon gesehen hat! Er hat heilende Eigenschaften, insbesondere bei Erkältungen und häufigen nicht lebensbedrohlichen, aber irritierenden Beschwerden. Seit der Antike gilt Bernstein als hilfreich bei Wehen und Geburten, also legen Sie ein wenig davon auf den Nachttisch jeder Frau, die sich in den Geburtswehen befindet.

### Karneol

Dieser rötlich-orange Stein beruhigt alle, die sich frustriert und gereizt fühlen, hilft bei finanziellen Problemen und bringt Trost und Glück. Es fördert auch die Durchblutung.

## Amethyst

Dieser lila und weiße Stein ist mit Spiritualität und dem höheren Bewusstsein verbunden und unterstützt die psychische Wahrnehmung. er schützt, wenn Sie ihn in einer schwierigen Situation bei sich tragen. Ein Amethyst auf Ihrem Nachttisch oder unter Ihrem Kissen bringt süße Träume und einen guten Schlaf.

## Blauer Achat

So einen schönen hellblauen Stein auf oder in der Nähe Ihres Computers oder einer Maschine schützt vor Abstürzen und Pannen. Es ist ein beruhigender Stein, der auch gut für die Gesundheit ist, sodass ein kleines Stück davon in Ihrer Tasche oder Handtasche in stressigen Situationen hilft.

## Sodalith

Das ist nicht der schönste Stein, da er wie ein dunkelblauer und weißer Felsbrocken aussehen kann, aber er hat heilende Eigenschaften, die helfen können, den Blutdruck zu senken und einen verwirrten und abgelenkten Geist zu beruhigen.

## Tigerauge

Dieser schöne gold-braune Stein hebt bei Bedarf das Selbstvertrauen, und kann Gefühle der Sicherheit auslösen. Es hilft bei Verdauungsproblemen und den nervösen Zuständen, die sie verursachen.

## Roter Jaspis

Das ist ein großartiger Stein, den Sie tragen können, wenn Sie Mut und Selbstvertrauen brauchen.

## Obsidian und Schneeflockenobsidian

Diese Steine sind ideal in Zeiten, in denen Sie Schutz benötigen oder wenn Sie wollen, dass etwas, das Sie regelmäßig verwenden, gut funktioniert. Legen Sie ein Stück dieses Steins in Ihr Fahrzeug oder von Ihren Computer oder eine Maschine als Schutz vor schädlichen Einflüssen. Bewahren Sie ein Stück in Ihrer Handtasche oder Tasche auf, wenn Sie unter Menschen sind, die nicht auf Ihrer Seite stehen.

## Reinigung träger Chakren

Sobald Sie die Chakren identifiziert haben, die gereinigt oder neu ausgerichtet werden müssen nehmen Sie einen der Kristalle, die für diese Chakren relevant sind, aus den folgenden Vorschlägen.

### Basischakra

- Schwarzer Onyx
- Granat
- Hämatit
- Roter Jaspis
- Mahagoni Jaspis
- Pyrit
- Rubin
- Obsidian
- Feuerstein
- Roter Aventurin
- Schwarzer Turmalin
- Blutstein
- Metall: Eisen

### Sakralchakra

- Bernsteinfarben
- Aventurin
- Karneol
- Citrin
- Tigerauge
- Koralle
- Jaspis
- Mondstein
- Feueropal
- Topas
- Oranger Selenit
- Orangencalzit
- Sonnenstein
- Metall: Silber

### Solarplexus-Chakra

- Gelber Bernstein
- Amethyst
- Calzit
- Citrin
- Sodalith
- Tigerauge
- Topas
- Gelber Fluorit
- Gelber Jaspis
- Honigcalzit
- Metall: Gold

## Herzchakra

- Aventurin
- Smaragd
- Jade
- Chrysokoll
- Achat
- Peridot
- Rosenquarz
- Malachit
- Mondstein
- Rosa Turmalin
- Grüner Turmalin
- Kupfer
- Grüner Fluorit
- Mangancalzit
- Rhodonit
- Metal:l Kupfer

## Halschakra

- Türkis
- Aquamarin
- Lapislazuli
- Blauer Achat
- Sodalith
- Amazonit
- Coelestin
- Fluorit
- Saphir
- Cinnabarit
- Chrysopras
- Chrysokoll
- Blauer Turmalin
- Metall: Quecksilber

## Stirnchakra

- Bergkristall
- Lapislazuli
- Amethyst
- Azurit
- Calcit
- Dunkler Saphir
- Fluorit
- Sodalit
- Tanzanit
- Metall: Zinn

## Scheitelchakra

- Diamant
- Zirkon
- Amethyst
- Perle
- Bergkristall
- Rosenquarz
- Howlith
- Herkimer Diamant
- Danburit
- Weiße Jade
- Metall: Weißgold oder Blei

❋ ❋ ❋

8

# CHAKREN MIT FARBE HEILEN

Komplementäre Therapien sind ideal für einige chronische Beschwerden, bei denen die Schulmedizin wenig helfen kann, das gilt auch für einige stressbedingte Beschwerden. Andere Beschwerden, die durch Schulmedizin oder auch Psychotherapie gut behandelt werden, können durch den Einsatz von komplementären Therapien oder Energieheilung schneller geheilt oder gelindert werden.

Alle komplementären Therapien wirken durch die Chakren, aber nicht alle auf die gleiche Weise. Zum Beispiel hilft eine pflanzliche oder ätherische Ölbehandlung, die einen Körper stimuliert, der durch Rheuma oder Muskelschwäche verlangsamt wird, die unteren Chakren gut auszurichten und die Heilung zu beschleunigen. Alles, was beruhigend wirkt, wie Aromatherapie, Reflexzonenmassage oder Reiki, ist bei Brustinfektionen, entzündlichen Beschwerden und Kopfschmerzen hilfreich, da Ruhe besonders den oberen Chakren zugute kommt.

Wenn Sie konventionelle medizinische Behandlung erhalten, denken Sie daran, Ihren Arzt über alle komplementären Behandlungen zu informieren, die Sie verwenden, insbesondere solche, bei denen Sie etwas einnehmen wie Homöopathie, Kräuterbehandlungen oder Aromatherapie.

## Qualifikation überprüfen

Wenn Sie beschließen, sich alternativ- oder komplementärmedizinisch behandeln zu lassen, vergewissern Sie sich, dass der Therapeut in seiner Disziplin voll qualifiziert ist, dass ein Zertifikat an der Wand hängt und dass er haftpflichtversichert ist.

# Grundlagen der Farbheilung

Beginnen wir mit den Grundlagen der Farbheilungsmethoden, die so sicher sind, dass sie bei anderen angewendet werden können, oder dass Sie sie bei sich anwenden lassen können. Da Farbe stark mit den Chakren und mit der Aura verbunden ist, beginnen wir mit den wichtigsten Farbideen. Die erste ist sehr einfach, weil es darum geht, Obst und Gemüse der entsprechenden Farbe zu essen. Hier sind einige Ideen:

## Obst und Gemüse

**Basischakra:** Kirschen, Tomaten, rote Pflaumen, rote Paprika, Erdbeeren und Himbeeren
**Sakralchakra:** Orangen, Mandarinen, Karotten, Aprikosen und orange Paprika
**Solarplexus-Chakra:** Bananen, Pastinaken, gelbe Paprika, gelbe Bohnen, Zitronen und Mais
**Herzchakra:** Grünes Gemüse, Äpfel, Birnen, grüne Trauben und Kiwi
**Halschakra:** Pflaumen, Passionsfrucht und Heidelbeeren
**Stirnchakra:** Brombeeren, Rettich und schwarze Johannisbeeren
**Scheitelchakra:** Helle Pfirsiche oder Melonen

## FARBEN VON DEKOR UND KLEIDUNG

Dekorieren Sie das Zimmer eines Babys *niemals* in hellen Farben; das würde dazu führen, dass das Baby die Farbe und die Energien in der Farbe absorbiert und nicht schlafen kann. Verwenden Sie Pastelltöne, insbesondere helles Grün, das als wachstums- und entwicklungsfördernd gilt.

Wenn Sie schlecht schlafen können, wechseln Sie zu Dekor und Bettwäsche in blassen, beruhigenden Farben. Tragen unauffällige Farben, wenn Sie einen ruhigen Tag im Haus oder im Garten verbringen möchten, und sehr helle Farben, wenn Sie Eindruck machen wollen. Schwarz kann dramatisch sein, kombinieren Sie es aber mit etwas Hellem oder mit einem interessanten Muster, das ist vorteilhafter

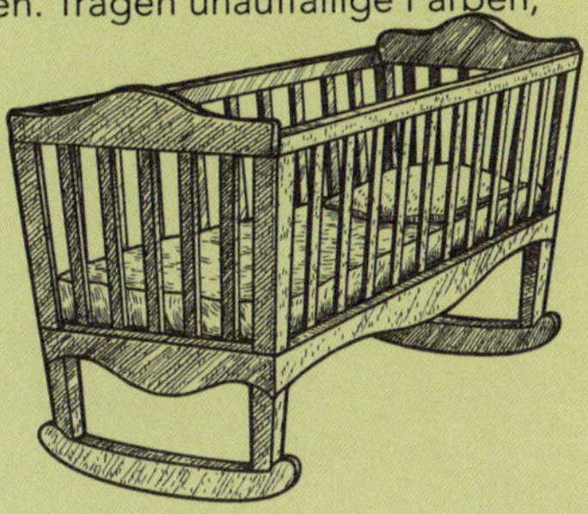

## Die Farben

**Rot** ist mit dem Basischakra verbunden, sodass jeder Teil des Körpers von der Basis der Wirbelsäule und vom Genitalbereich bis zu den Fußsohlen von dieser Farbe profitiert. Wenn ein höheres Chakra schlecht funktioniert, hilft Rot, es zu heilen und zu energetisieren. Rot belebt einen Körper, der träge geworden ist und macht ihn aktiver, was gut für jemanden ist, dessen Lungen verstopft sind, oder für jemanden, dessen geistige Prozesse langsam geworden sind. Rot gibt jedem körperlichen Organ Leben, das nicht effizient arbeitet, während Rot auf psychologischer Ebene Kraft und Mut verleiht. Rot ist eine großartige Farbe, wenn eines der oberen Chakren nicht richtig funktioniert, aber es ist eine schlechte Wahl für jemanden, der wütend oder aggressiv ist, da es dieses Problem verschlimmert.

**Orange** ist mit dem Sakralchakra verbunden, es hilft daher bei Erkrankungen im Bauchbereich, insbesondere bei Blasen- und Hüftproblemen. Dieses Chakra bezieht sich auch auf persönliche und sexuelle Beziehungen. Wenn das Herzchakra jedoch krank ist, kann es mit orange geheilt werden.

**Grün** ist mit dem Herzchakra verwandt, das aber von einigen als zwei übereinanderliegende Chakren angesehen wird. In diesem Fall eignet sich Grün am besten für das obere der beiden Herzchakren. Diese Farbe wird speziell mit dem Herz- und Brustbereich in Verbindung gebracht, kann aber auch zur Kühlung und Beruhigung des Sakralbereichs verwendet werden. Grün bezieht sich auf Wachstum, Sicherheit, Regeneration und Erdenergie.

**Gelb** bezieht sich auf das Solarplexus-Chakra, auf die Willenskraft einer Person und auf »Aufstehen und Gehen«. Es betrifft Beschwerden im zentralen Bereich des Körpers, wie Magen, Nieren, Leber und Bauchspeicheldrüse, insbesondere wenn eines dieser Organe energetisiert werden muss. Es ist besonders geeignet für Personen, die mit ihrem Verstand und Intellekt arbeiten, und es kann denjenigen, die verwirrt sind, Klarheit geben. Wenn der Klient es schwierig findet, ein kniffliges Problem zu durchdenken, versuchen Sie, gelbe Heilung an Hals- oder Stirnchakra.

**Rosa** ist die Farbe, die meist mit Liebe und Zuneigung in Verbindung gebracht wird. Für diejenigen, die das duale Herzchakra-System verwenden, gilt es für das untere der beiden. Es bringt belebende Energie durch das Rot, das Teil von Rosa ist, und friedliche und reine Energie aufgrund des weißen Elements der Farbe. Rosa kann bei psychischen Herzschmerzen helfen und bei Herz- oder Lungenproblemen und Magengeschwüren nützlich sein.

**Hellblau** und **Türkis** sind mit dem Halschakra verbunden, also mit Hören und Sprechen und der Kommunikation im Allgemeinen. Wenn jemand an Ohren-, Nasen- oder Halsproblemen leidet, kann eine Blau-Heilung helfen. Wenn die Person jedoch Probleme beim Lernen, Kommunizieren oder Zuhören hat oder wenn jemand Hellsehen will, kann blaue Heilung zu langsam sein, hier sollte man gelbe oder rote Heilung versuchen. Blau ist eine beruhigende Farbe, die Frieden bringt, daher kann man es dem Basis-, Sakral- oder dem Solarplexus-Chakra zuordnen, um einen wütenden oder ängstlichen Klienten und seinen Geist zu beruhigen. Es soll auch bei Magenverstimmung oder Milzleiden nützlich zu sein.

**Lila** ist die Farbe der Spiritualität und kann jemandem helfen, der mit diesem Aspekt des Lebens kämpft. Sie kann verwendet werden, um Basis- oder Solarplexus-Probleme wie Wut oder einen Mangel an Spiritualität zu lindern oder um jemandem zu helfen, der weltlichen Erfolg hat, aber die Frage nach dem Sinn stellt.

**Weiß** ist mit Reinheit, Schutz und Liebe verbunden. Wenn sich Ihr Klient bedroht fühlt, nehmen Sie weiße Farbe und holen Sie weißes Licht aus dem Universum herunter, um ihm Heilung zu geben. Weiß regiert einige der oberen Chakren, die von der Aura der Person bis zum Himmel reichen. Manchmal wird diese Farbe auch mit dem Scheitelchakra assoziiert.

**Gold** ist mit dem Chakra direkt über dem Kopf verbunden, das etwa fünfzehn bis zwanzig Zentimeter über dem Scheitel sitzt. Man sagt, dass Gold hilfreich bei Skelettprobleme und allem Harten, wie Schädel, Zähne und Nägel ist. Diese Farbe ist offensichtlich mit Spiritualität verbunden und kann einer Person helfen, die an ihren medialen oder spirituellen Gaben arbeitet.

In anderen Traditionen werden die Chakren oberhalb des Körpers folgenden Farben zugeordnet:

| | | |
|---|---|---|
| Schwarz | Achtes Chakra | Schwarz ist eine schützende Farbe. |
| Gold | Neuntes Chakra | Gold steht für Erfolg und Freude. |
| Braun | Zehntes Chakra | Braun, eine praktische erdige Farbe. |
| Rosa | Elftes Chakra | Rosa eine Mischung von lebhaftem Rot und spirituellem Weiß. |
| Indigo | Zwölftes Chakra | Indigo verbindet mit dem Himmel und dem Universum. |

## Chakraheilung mit Farbe

Farbheilung ist eine Möglichkeit, Farbe in die Chakren einzuführen, um ein bestimmtes Ergebnis zu erzielen. Die farbigen Objekte könnten Bänder, große Knöpfe, Murmeln, Papier, bemalte Steine oder Stofffetzen sein. Alles funktioniert, solange die Farben hell, klar und kräftig sind.

Wenn Ihr Klient bequem liegt, legen Sie das farbige Objekt *neben* seinem Körper, in Übereinstimmung mit dem Chakra oder den Chakren, die Sie heilen möchten. Sie müssen also nichts direkt auf den Körper des Klienten zu legen. Alternativ kann sich der Klient hinsetzen und das farbige Objekt in die Hand nehmen, während Sie Ihre Heilungsenergie auf das Chakra konzentrieren, das Hilfe benötigt. Eine andere Methode ist, eine Anzahl preiswerter Schals oder Stoffreste zu kaufen und diese um einen sitzenden Kunden zu drapieren.

Sie können die Farbe, die ein bestimmtes Chakra regiert, auf einer »Gleiches mit Gleichem«-Basis verwenden, wie gelb auf gelb oder blau auf blau und so weiter, was eine ernsthafte Blockade beseitigen und das Chakra wieder in Bewegung bringen kann. Sie können aber auch »konträre« Farben verwenden, wie eine helle Farbe für ein träges oberes Chakra, um es aufzuheitern, oder kühlere Farben wie Blau, Grün oder Weiß, um eine überängstliche Person zu beruhigen, indem Sie es neben ihr Solarplexus-Chakra legen.

Vieles bei der Farbheilung ist eine Frage der Intuition, aber Sie können auch die physischen und psychischen Probleme im Zusammenhang mit den Chakren überprüfen, indem Sie Kapitel 10 lesen. Wenn die Person auf eine Weise reagiert, die Sie überrascht, oder wenn sie sich aufregt, halte inne, bieten Sie ihr etwas Wasser zum Trinken an und versuchen Sie es erneut mit einer anderen Farbe/Chakra-Kombination.

Sobald Sie den farbigen Gegenstand an Ort und Stelle haben, sollten Sie Geist- oder Energieheilung geben, indem Sie sich vorstellen, dass Energie aus dem Universum herabkommt, und diese unter Berücksichtigung der gewählten Farbe auf das Chakra des Klienten richten. Wie vieles im Bereich der Energie- oder Geistheilung wird dies dem Körper helfen, sich selbst zu heilen, aber es wäre unrealistisch, eine Wunderheilung zu erwarten.

Wenn Sie Ihre Arbeit beendet haben, danken Sie Ihren spirituellen Führern, schließen Sie Ihre eigenen Chakren und waschen Sie Ihre Hände, um unerwünschte Ablagerungen der Person, die Sie behandelt haben, zu entfernen.

## Farbheilung für Chakren aus der Ferne

Es ist möglich, Farbheilung auf Distanz zu geben. Wenn Sie das versuchen möchten, sagen Sie Ihrem Klienten, dass er zu einer bestimmten Tageszeit an Sie denken soll, und wenn die Zeit gekommen ist, öffnen Sie schnell Ihre eigenen Chakren und stimmen Sie sich mental auf den Klienten ein. Denken Sie an die Farbe, konzentrieren Sie sich darauf und richten Sie sie mental an den Empfänger. Wenn sich Ihr Klient ausgelaugt fühlt, können Sie gelb, orange oder rot senden. Wenn er jedoch überreizt ist, senden Sie blau, lila oder grün.

Energieheilung funktioniert perfekt über Distanz, und auch Farbheilung aus der Ferne kann ein interessantes Experiment sein, das Sie zum Beispiel mit einem Freund versuchen, können der eine bestimmte Krankheit hat: Senden Sie ihm die entsprechende Farbe für das Chakra, das mit der Krankheit verknüpft ist, und fragen Sie ihn dann, ob er die Farbe »empfangen« hat. Es ist einen Versuch wert.

❋ ❋ ❋

9

# ÄTHERISCHE ÖLE FÜR CHAKREN

Es ist ratsam, einen qualifizierten Aromatherapeuten wegen der besten Behandlung von Chakra-Problemen mit ätherischen Ölen zu konsultieren, da Öle eine tiefgreifende Wirkung auf den Körper haben können. Man sollte zumindest Rat von jemandem einholen, der weiß, was er tut. Auf jeden Fall sollte man ätherische Öle bei Schwangeren oder ernsthaft erkrankten Personen vermeiden. Wenn Öle direkt am Körper verwendet werden, müssen sie in Trägeröl verdünnt werden, alternativ kann man ein oder zwei Tropfen in ein Bad geben und in der Mischung baden. Oder man verwendet einen Diffusor, einen Keramikhalter, mit einem Teelicht darinnen und einer kleinen Schale darüber, in die man ein paar Tropfen Öl gibt. Wenn sich das Öl erwärmt, verdunstet es und verbreitet sich im Raum.

Sie können die Natur der Chakren und die körperlichen oder emotionalen Probleme, die mit jedem von ihnen verbunden sind, überprüfen. Dann können Sie ein ätherisches Öl zu wählen, das ein schwaches Chakra stärkt, ein überaktives beruhigt oder die allgemeine Gesundheit und Stimmung verbessert.

## Ein Muss

Machen Sie *immer* einen Patch-Test, bei dem Sie etwas von dem ätherischen Öl auf die Innenseite Ihres Arms geben. Wenn Sie eine allergische Reaktion bekommen, ist dieses Öl nichts für Sie.

## Passende ätherische Öle für die Chakren

Einige Öle passen zu mehr als einem Chakra, wie Sie aus den folgenden Listen sehen werden. Es ist erwähnenswert, dass Lavendel und Rose jedem Chakra helfen, besonders wenn Sie mehr Frieden und Liebe in Ihrem Leben brauchen.

| Basischakra | Sakralchakra | Solarplexus |
|---|---|---|
| • Eichenmoos<br>• Patschuli<br>• Vetiver<br>• Zedernholz<br>• Ingwer<br>• Jasmin | • Muskatellersalbei<br>• Jasmin<br>• Zimt<br>• Rose<br>• Zitrus<br>• Geranium<br>• Ingwer | • Bergamotte<br>• Geranium<br>• Ingwer<br>• Grapefruit<br>• Wacholder<br>• Zitrone<br>• Pfefferminze<br>• Rosmarin<br>• Koriander |

| Herzchakra | Halschakra | Stirnchakra | Scheitelchakra |
|---|---|---|---|
| • Bergamotte<br>• Rose<br>• Ylang-Ylang<br>• Zitronengras<br>• Anis<br>• Basilikum<br>• Ingwer<br>• Lavendel<br>• Myrrhe | • Rosmarin<br>• Kamille<br>• Weihrauch<br>• Sandelholz<br>• Geranium<br>• Anis<br>• Basilikum<br>• Salbei<br>• Lavendel | • Hyazinthe<br>• Geranium<br>• Kiefern<br>• Salbei<br>• Rose<br>• Immortelle<br>• Weihrauch<br>• Jasmin<br>• Rosmarin<br>• Sandelholz | • Weihrauch<br>• Myrrhe<br>• Lorbeer<br>• Lavendel<br>• Baldrian<br>• Jasmin<br>• Zedernholz<br>• Kamille<br>• Jasmin<br>• Neroli |

## Schnellhilfe fürr häufige Beschwerden

| Chakra | Problem | Ätherisches Öl |
|---|---|---|
| Basis | geringes Selbstwertgefühl | Vetiver |
| Sakral | Überempfindlichkeit | Jasmin |
| Solarplexus | Ängstlichkeit | Ingwer |
| Herz | Gefühl der Zurücksetzung | Rose |
| Hals | Bringt andere nicht zum Zuhören oder Verstehen | Lavendel |
| Stirn | Organisationsproblem | Sandelholz |
| Scheitel | Erschöpfung | Weihrauch |

10

# EMOTIONALEN SCHMERZ DURCH CHAKREN HEILEN

Es gibt viele von emotionale und psychische Situationen, die uns plagen, aber wir können uns hier nur auf wenige offensichtliche konzentrieren. Zum Beispiel ist Sorge eine häufige Emotion, die wohlbegründeter Angst oder einer überaktiven Fantasie entspringen kann. Wie auch immer, die beste Behandlung ist das Visualisieren von hellem gelben Licht, das aus dem Universum kommt und in das Solarplexus-Chakra strömt, da dies den Mut erhöht. Es wäre auch eine gute Idee, einen imaginären Schild auf die Vorder- und Rückseite des zentralen Körperbereichs zu legen, um das Solarplexus-Chakra vor Angriffen durch äußere Kräfte zu schützen. Finanzielle Verluste und Armut sind schwer zu bewältigen, aber die Heilung des Basischakras kann helfen, während die Heilung des Stirnchakras einer Person helfen kann, klar zu denken.

Andere Menschen verärgern uns manchmal, aber die Heilung der Sakral- und Herzchakren gibt uns die Kraft, mit ihrem schlechten Verhalten fertig zu werden oder, wenn nötig, den Mut, von ihnen wegzugehen. Gut ausgerichtete Hals- und Stirnchakren helfen uns, klar zu denken, aufmerksam zuzuhören und die richtigen Worte zu sagen. Wenn Sie über etwas wütend sind, können Sie das leicht selbst behandeln. Bitten Sie Ihre bevorzugte Gottheit oder Ihren spirituellen Führer, kühlende und beruhigende spirituelle Heilung an Ihre Basis-, Sakral- und Solarplexus-Chakren zu senden.

Dieses Kapitel zeigt die häufigsten Probleme und Heilmöglichkeiten jedes der Chakren auf.

## Basischakra

### MÖGLICHE PROBLEME

Im Basischakra geht es um das Überleben, das bedeutet, dass man genug sauberes Wasser, Nahrung, Kleidung, Schutz und die Mittel hat, um am Leben und gesund zu bleiben. Man muss sich von körperlichen Gefahren fernhalten, auch wenn man dafür eine Beziehung beenden muss. Wenn man sich auf einer Veranstaltung von jemandem bedroht fühlt, sollte man tun, als ob man zur Toilette ginge, ein Taxi rufen und sich durch die Hintertüre davonmachen. Wenn Sie bei jemandem ein ungutes Gefühl haben, sollten Sie nie mit dieser Person in ein Auto einsteigen oder in ein Haus hingehen. Mobbing ist schädlich für die psychische Gesundheit des Betroffenen, er muss sich daher von der Person, die ihn mobbt, fernhalten oder einen Weg finden, den Aktivitäten des Mobbers ein Ende zu setzen.

Ein weiteres Problem ist Perfektionismus, bei dem jemand sich selbst dafür bestraft, dass er nicht alles perfekt macht. Das ist ein verlorener Kampf, und die

Person muss akzeptieren, dass jeder von Zeit zu Zeit Dinge durcheinander bringt und dass sie sich in dieser Hinsicht nicht von anderen unterscheidet.

### EINFACHE HEILMETHODEN

Legen Sie sich von Zeit zu Zeit ruhig hin und meditieren Sie. Lassen Sie die Vergangenheit hinter sich und denken Sie nicht an Ihre Sorge um die Zukunft, sondern konzentrieren Sie sich auf das Gute in Ihrem Leben. Denken Sie an das Gute, das Sie getan haben. Ein blauer Spitzenachat oder Türkis in der Hand, während man sich weißes Licht vorstellt, das mit blauem und blassem Grün bedeckt ist, das nach unten kommt, gibt dem ganzen Körper Heilung. Dann sollte man blassblaues Licht in sein Basischakra strömen lassen. Anschließend sollte man sich entspannen und wenn möglich sogar ein Nickerchen machen.

## Sakralchakra

### MÖGLICHE PROBLEME

Die Sakralchakra wird mit Sex und engen persönlichen Beziehungen assoziiert, und wir wissen, dass hier viel schief gehen kann. Eine klassische Situation ist das Leben mit jemandem, der ohne Grund misstrauisch und eifersüchtig ist, und wenn das in den Bereich des emotionalen/psychischen Missbrauchs oder der körperlichen Gewalt abdriftet, hat es nichts mit Liebe zu tun, sondern mit dem Bedürfnis, andere zu verletzen und zu kontrollieren. Die Antwort heißt: Fortgehen, sobald das möglich ist. Das gleiche gilt bei jemandem, der seinen Partner ausnutzt, oder seine Interessen immer über die Bedürfnisse des anderen stellt.

Andere Probleme entstehen, wenn jemand seine Intuition ignoriert und Situationen entstehen lässt, die er hätte früher vermeiden sollen. Diese Person sollte akzeptieren, dass sie kein Superman ist und mehr auf ihre Intuition achten, wenn das nächste Mal eine ähnliche Situation auftritt.

### EINFACHE HEILMETHODEN

Entspannen Sie sich und meditieren Sie, indem Sie weißes Licht mit heilenden hellblauen oder türkisfarbenen Anteilen zuerst in Ihren ganzen Körper einfließen lassen. Bringen Sie dann eine konzentrierte Dosis zu Ihrem Sakralchakra. Halten Sie während dieser Meditation einen heilenden Türkis in den Händen.

## Solarplexus-Chakra

### MÖGLICHE PROBLEME

Wenn jemand von anderen herumgeschubst und missachtet wird, ist es nicht gut für seine geistige und körperliche Gesundheit. Er muss vermeiden, von anderen gemobbt zu werden, aber er muss selbst auch Mobbing unterlassen. Er muss für sich selbst einstehen, aber nicht übertreiben, indem er gemein ist oder andere verletzt. Es ist keine eine gute Idee, sein Geld oder seine Güter zu verschenken, um geliebt zu werden, auch sollte man nicht zulassen, dass andere einen ausnutzen. Das Solarplexus-Chakra regiert Selbstwertgefühl, Selbstachtung und persönliche Macht, man soll daher anderen, nicht neiden, dass sie besser dran sind als man selbst und man soll nicht das wollen, was man nicht haben kann. Lernen wird oft als Kampf empfunden.

### EINFACHE HEILMETHODEN

Achten Sie auf Ihre Gesundheit, Ihr Aussehen und Ihre Ernährung, treiben Sie regelmäßig Sport, auch wenn Sie nur spazieren gehen, weil das die Stimmung hebt und die Gesundheit verbessert.

Meditationen mit dem Ziel, lästige Menschen loszuwerden oder sich aus hoffnungslosen Situationen zu lösen, können helfen. Stellen Sie sich eine große Plastiktüte vor, in die Sie Ihre Probleme hineinwerfen und die Sie dann in einem Lagerfeuer verbrennen. Auch Farbmeditation kann helfen: Stellen Sie sich gelbes Licht vor, das Sie umgibt, und einen zusätzlichen Lichtboost, der in das Solarplexus-Chakra strömt. Nehmen Sie einen Citrin in die Hand und nehmen Sie seine Energie auf.

## Herzchakra

### MÖGLICHE PROBLEME

Das ist der Stoff von Romanen und Filmen über Liebespaare, die zeigen, wie wichtig dieser Lebensbereich für uns alle ist. Es ist eine Tatsache, dass in vielen Beziehungen eine Person Liebe gibt, während die andere am empfangenden Ende dieser Liebe ist.

Wenn man einen egoistischen, lieblosen oder verletzenden Partner hat, ist das einzige, was zu tun ist, sich von der Situation zu entfernen und jemanden zu finden, der seiner Liebe würdig ist. Wenn der Partner lügt, betrügt oder die Person ausnutzt, wird diese Beziehung nicht funktionieren. Ein Teil des Problems könnte auf mangelndes Selbstwertgefühl des Betroffenen zurückzuführen sein.

### EINFACHE HEILMETHODEN

Es gibt viele Kurse, die Selbstwertgefühl und die Fähigkeit zur Bewältigung oder Verbesserung von Beziehungen vermitteln. Andere lehren das Individuum, sich selbst und andere zu respektieren und begehrenswerter zu werden. Manche Menschen müssen an sich selbst arbeiten, etwa ihre Körperpflege verbessern oder Maßnahmen ergreifen, um gesünder zu werden.

Legen Sie sich zu einer Herzmeditation hin, und stellen Sie sich weißes Licht mit grünen Anteilen vor, das herunterfließt, um das Herzchakra zu beruhigen. Wenn Ihr Liebesleben nicht existiert oder langweilig ist, meditieren Sie miteiner Kombination aus weiße Licht und orangefarbenem Licht. Halten Sie dabei Jade, Karneol oder Jaspis in der Hand, wenn Sie mehr Leidenschaft in ihrem Leben wollen.

## Halschakra

### MÖGLICHE PROBLEME

Dieses Chakra wird mit Kommunikationsproblemen assoziiert, also anderen nicht zuzuhören oder nicht genügend Notiz davon zu nehmen, was bei der Arbeit oder zu Hause vor sich geht. Betroffene finden es schwierig finden, sich auszudrücken oder andere dazu zu bringen, ihnen zuzuhören, sodass sie nicht wissen, wie sie sich fühlen. Sie zögern, zu sprechen, wenn sie etwas aufregt, machen aber schnell unangenehme Bemerkungen oder sagen anderen verletzende Dinge. Sie können realitätsfremd, pingelig oder einfach nur schwierig sein, oder sie sind mit jemand anderem zusammen, der so ist.

### EINFACHE HEILMETHODEN

Es gibt häufig Probleme im Zusammenhang mit Kommunikation und das ist das Chakra, das am häufigsten geheilt werden muss. Meditieren Sie darüber, wie Ihr Leben sein soll, und arbeiten Sie dann auf dieses Ziel hin. Eine Farbmeditation beinhaltet das Herunterbringen von weißem Licht mit ein wenig Blassblau, um das Chakra zu beruhigen. Wenn das Chakra einen Schub braucht, hilft eine Weißlicht-Meditation mit einigen gelben Anteilen bei der persönlichen

Ermächtigung und bei Lernschwierigkeiten. Zur Verstärkung der Wirkung können Sie bei dieser Meditation einen Citrin in die Hand nehmen.

## Stirnchakra

### MÖGLICHE PROBLEME

Dieses Chakra ist mit Intuition und Ego verbunden. Wer zu viel opfert oder nicht für sich selbst einstehen kann, könnte hier ein Problem haben. Er ist leicht verärgert, wird von auf unangenehme Erinnerungen eingeholt und denkt immer wieder daran. Er könnte einsam und isoliert sein und Angst davor haben, wieder verletzt zu werden.

### EINFACHE HEILMETHODEN

Chakra-Heilung in diesem Bereich hilft, fähiger und selbstbewusster zu werden. Es unterstützt die Entwicklung von Intuition, Sensibilität und der Fähigkeit das denken zu fokussieren. Kristallheilung ist wahrscheinlich die beste Behandlung. Nehmen Sie einen Amethyst oder Sodalith in Ihre Hand und bitten Sie darum, dass die Energien in Ihrem Körper freigesetzt werden.

## Scheitelchakra

### MÖGLICHE PROBLEME

Das Scheitelchakra beeinflusst die Verbindung zum Geist und die erste leichte Vorahnung der nächsten Welt. Es muss geheilt werden, wenn die Person zu sehr an Religion und spirituellen Dingen interessiert ist, als es der gesunde Menschenverstand zulässt.

### EINFACHE HEILMETHODEN

Nehmen Sie einen blauen Achat in jede Hand und stellen Sie sich vor, dass beruhigendes grünes und blaues Licht in den Kristall eintritt. Lassen Sie dann die Energien des Kristalls in Ihre Hände strömen. Das wird Ihnen helfen, Gleichgewicht und gesunden Menschenverstand wiederzuerlangen.

❋ ❋ ❋

11

# MAGISCHE UND MEDITATIVE CHAKRA-TECHNIKEN

Die Ideen der Chakra-Heilung in diesem Kapitel kommen aus der Welt der Magie und der Wicca. Der erste Zauber funktioniert, indem er den Geist auf das Problem und seine Lösung konzentriert und die Gedanken ins Universum schickt. Das kann helfen, ein physisches Problem zu lindern, oder Unzufriedenheit zu vertreiben oder eine schlechte Situation zu verändern.

## Errichten Sie einen Altar

Seltsamerweise ist der beste Ort, um einen Altar zu errichten, die Küche, denn die elektrischen Geräte in der Nähe scheinen den magischen Zaubersprüchen einen Schub zu geben. Außerdem werden Kerzen verwendet, und normalerweise haben Küchen keine Vorhänge oder Polstermöbel, die Feuer fangen können.

Nehmen Sie ein großes Tablett, das kann auch ein Backblech aus Metall sein, und bedecken Sie es mit einem sauberen Tuch. Die folgenden Listen zeigen einige wesentliche Elemente, die auf das Tablett gelegt werden müssen, und andere, die optional sind.

### Wesentliche Utensilien

- Etwas, das die Person oder das Problem darstellt, z.B. Krankenhauspapiere, Bewerbungsschreiben, ein Kontoauszug, ein Foto einer Person oder ein Liebesbrief. Wenn man sich selbst Heilung gibt, legt man sein eigenes Foto auf den Altar.
- Ein Kerzenhalter für eine große Kerze oder ein Teelicht.
- Ein Räucherstäbchen oder Diffusor mit einer sehr kleinen Menge des ätherischen Öls Ihrer Wahl.
- Papier und einige Farbstifte.
- Eine kleine Schale mit etwas Salz.
- Eine kleine Schüssel mit etwas Quellwasser oder gesammeltem Regenwasser.
- Streichhölzer oder ein Feuerzeug.

### Optionen

- Eine Auswahl an Kristallen, falls vorhanden.
- Ätherisches Öl, wenn Sie welches haben.
- Bänder oder Perlen in verschiedenen Farben.
- Eine relevante Tarot-Karte.

- Ein relevanter Runenstein.
- Ein Schmuckstück oder ein Objekt, das Ihnen etwas bedeutet.

## Methode

- Stellen Sie die Schüssel mit Salz (Erde) und Quellwasser oder Regenwasser auf das Tablett.
- Stellen Sie eine Kerze oder ein Teelicht in der entsprechenden Farbe gemäß der Tabelle unten dazu.
- Stellen Sie die Räucherstäbchen oder das ätherische Öl dazu.
- Nehmen Sie Papier und Stifte in der richtigen Farbe für des Chakras, das Sie heilen möchten. Hier ist die Farbliste als Referenz und eine grundlegenden Beschreibung der Probleme, die bei jedem Chakra auftreten können:

| Chakra | Kerze Farbe | Bedeutung |
|---|---|---|
| Basis | Rot | Angst vor finanzieller Katastrophe, Darm, Genitalien |
| Sakral | Orange | Beziehung, Sexualprobleme, Fortpflanzungsorgane |
| Solar-plexus | Gelb | Von anderen herumgeschubst werden, Verdauungsorgane |
| Herz | Grün | Mangel an Liebe, Herz und Lunge |
| Hals | Blassblau oder Türkis | Kommt mit anderen nicht klar und versteht nicht, worum es ihnen geht. Hals, Nacken und Ohren. |
| Stirn | Tiefblau | Mangel an Sinn für sich selbst oder andern, Zahnschmerzen, Kopfschmerzen |
| Scheitel | Lila | Blockierte Spiritualität, Mangel an Mitgefühl mit anderen |
| Höhere Chakren | Weiß oder Gold | Angst vor dem Leben, Angst vor dem Tod, unbestimmte Ängste |

- Schreiben Sie genau auf, was der Zauber erreichen soll. Das muss nicht in Form von Poesie sein, und muss auch nicht mit Worten wie »so soll es sein« enden, obwohl man das tun kann, wenn einem danach ist. Schreiben Sie nicht eine ganze Liste von Wünschen; halten Sie sich für den Moment an nur eine Sache.
- Legen Sie den Brief, das Foto oder was Sie sonst ausgewählt haben, auf das Tablett, um das Dilemma darzustellen.
- Fügen Sie eine Tarotkarte, Rune oder sonst etwas hinzu, wenn Sie wollen.
- Wenn Sie einige Kristalle hinzufügen möchten, um die Heilung zu erreichen, die Sie benötigen, tun Sie das jetzt.
- Wenn Sie farbige Bänder, Perlen, Knöpfe usw. in Farben hinzufügen möchten, die das darstellen, was Sie erreichen möchten, fügen Sie sie jetzt hinzu. Das können verschiedene Farben sein, wenn Sie das möchten.
- Zünden Sie die Kerze und den Weihrauch oder Diffusor an. Die Kerze steht für Feuer, der Weihrauch oder das Öl für Luft.
- Lesen Sie den Spruch drei Mal und schwenken Sie ihn dann durch den Weihrauch.
- Schwenken Sie den Brief, das Foto und das Papier mit der Nachricht durch den Weihrauch.
- Lesen Sie dreimal, was Sie geschrieben haben, und legen Sie das Papier auf das Tablett.
- Der Räucherstäbchen wird bald abbrennen, während das ätherische Öl noch anhält. Die Kerze braucht am längsten, man muss sie ganz abbrennen lassen.
- Wenn die Kerze ausgebrannt ist, nehmen Sie die Streichhölzer, um das Papier mit dem Zauberspruch zu verbrennen. Machen Sie das im Waschbecken und schwemmen Sie die Asche in den Abfluss.
- Geben Sie Salz und Wasser auf ein Stück Küchenpapier und werfen Sie den Kerzenstumpf oder den Teelichthalter weg.
- Danken Sie Ihren geistigen Führern, den Engeln, der Gottheit und dem Universum.

Warten Sie, bis sich die Dinge zum Besseren ändern. Das kann ein oder zwei Monate dauern, da es manchmal eine Änderung der Position des Mondes oder Merkurs erfordert, bevor sich die Dinge ändern.

## Meditation der Kraft einer Kerze

Kerzenmeditation ist eine wunderbare Art zu meditieren, besonders wenn man noch nie zuvor meditiert hat, da einen die Konzentration auf die Kerzenflamme in den richtigen Zustand versetzt. Das Anzünden einer Kerze schafft das richtige Ambiente und bietet etwas, worauf man sich konzentrieren kann. Während man in die Flamme schaut, klärt sich der Geist, und je mehr man sich auf die Flamme konzentriert, desto einfacher ist es, andere Gedanken fernzuhalten. Dadurch kann man sich schneller und einfacher mit dem Universum verbinden.

Die Tabelle zeigt die Verknüpfung von Farben und Chakren und hilft bei der Auswahl einer Farbkerze auszuwählen zum Meditieren:

| Farbe | Chakra | Intention oder gewünschtes Ergebnis |
|---|---|---|
| Schwarz | Basis | Zerstört jede negative Energie, gibt Schutz, heilt vergangene Verletzungen |
| Braun | Basis | Erdung, Wiederherstellung des Gleichgewichts |
| Rot | Basis | Sexualität, Leidenschaft, Mut |
| Orange | Sakral | Gut für Rechts- und Finanzangelegenheiten |
| Gelb | Solarplexus | Geistige Klarheit, Hellsehen, Zuversicht |
| Grün | Herz | Liebe, Mitgefühl, Glück |
| Rosa | Herz | Liebe und Harmonie, Freundschaft |
| Blau | Hals | Öffnet die Kommunikationswege für Inspiration, Glück und Vergebung |
| Indigo | Stirn | Weg zu höherem Selbst und psychischen Bewusstsein. |
| Weiß | Krone | Bringt Frieden, Klarheit und Wahrheit |
| Silber | Scheitel und höher | Löst Negativität und unterstützt die psychische Entwicklung |
| Gold | Scheitel und höher | Verbindung zur Geisterwelt, heilt Wunden aus früheren Leben. |

- Zünden Sie die Kerze an und setzen Sie sich.
- Schließen Sie die Augen und entspannen Sie sich.
- Atmen Sie regelmäßig und ziemlich tief.
- Stellen Sie sich vor, Sie gehen auf einer offenen Fläche aus Gras oder Sand.
- Sie sehen eine große Tasche, in die Sie Ihre Probleme stecken können.
- Legen Sie Ihre Probleme in die Tasche und stellen Sie sich vor, dass sie weit weg in das Universum verschwindet.
- Sehen Sie wie der Nutzen, den Sie in Ihrem Leben haben möchten, sich vor Ihnen materialisiert.
- Öffnen Sie die Augen, konzentrieren Sie sich auf das Kerzenlicht und bitten Sie um die Hilfe, die Sie brauchen.
- Kommen Sie langsam zurück in diese Welt.
- Wenn es sicher ist, lassen Sie die Kerze brennen; wenn nicht, löschen Sie sie.
- Danken Sie der Gottheit, Engeln, dem höheren Bewusstsein und dem Universum.

## Andere Formen von Magie und Meditation

Viele Methoden der Anwendung von Magie und Meditation zur Heilung von Chakren und Beschwerden wurden im Lauf der Zeit entwickelt. Hier sind ein paar davon.

### Schamanismus

Die Kalahari-Buschleute von Namibia sind die einzigen Menschen, deren DNA sich seit Jahrtausenden nicht mit irgendeinem anderen Menschentyp vermischte. Sie sind nicht nur die reinste Art von Menschen, sondern auch unsere Vorfahren. Machen wir einen Blick darauf, wie sich die Dinge über einen Zeitraum von mindestens 35 000 Jahren verhalten.

Ein Schamane (Heiler) tanzt zum Klang der Trommeln, bis er in Trance fällt, dann greift er auf Hilfe von Vorfahren zu, und diese zeigen ihm genau, was mit dem Patienten nicht stimmt. Der Schamane fühlt dann wie er vom Geist eines Geparden übernommen wird, einem Tier, dessen Geist große Heilkräfte besitzt, wonach der Schamane Energie auf die relevanten Teile des Körpers des Patienten lenkt.

Es gibt Schamanen in vielen Kulturen auf der ganzen Welt, und die Methoden, die sie verwenden, sind auf der ganzen Welt ähnlich. Es ist nicht weit entfernt von Energieheilung, Reiki oder spiritueller Heilung, daher wirkt es wahrscheinlich auf die regenerativen Kräfte des Körpers auf die gleiche Weise. Schamanische Heilung kann auf die entsprechenden Chakren gerichtet werden.

## Affirmationen

Viele Menschen finden Affirmationen nützlich für emotionale Probleme wie geringes Selbstwertgefühl oder Verärgerung nach dem Ende einer Beziehung. Man kann ein Buch mit Affirmationen kaufen, sie im Internet nachschlagen oder seine eigenen Affirmationen erstellen, sie aufschreiben und jeden Tag wiederholen. Zünden Sie dazu eine Kerze in der passenden Chakra-Farbe an.

## Sieben Strahlen

Das Sieben-Strahlen-System ist ein esoterisch-spirituelles System, das mit den aufgestiegenen Meistern, Gott und Jesus verbunden ist. Es wurde von den Theosophen entdeckt oder vielleicht wiederentdeckt und kann mit dem Chakra-System oder der Astrologie verbunden werden. Es kann Probleme der Gesundheit, Persönlichkeit und Psychologie identifizieren und Wege zur Heilung vorschlagen.

## Herzheilung

Einige Heiler glauben, dass es eine Methode gibt, die Energie direkt aus ihrem eigenen Herzchakra sendet, aber diese Art der Heilung erfordert viel bedingungslose Liebe, und nicht jeder ist in der Lage, sie zu geben.

## Alte Meditationstechniken

Diese beiden alten Meditationstechniken leiten Energie an die Chakren von jemandem, den man heilen möchte, aber man muss das richtige Chakra wählen, abhängig von den besonderen astrologischen Voraussetzungen der Person.

Die erste Meditation, »Goldheilung«, ist für Menschen geeignet, die unter Feuer- und Luftzeichen geboren wurden, und funktioniert, indem sie Energie aus dem Universum in das Scheitelchakra bringt, wonach die Heilung ihren Weg nach unten durch das Chakra-System findet.

Die zweite, »grüne Heilung«, ist für diejenigen geeignet, die unter Erd- und Wasserzeichen geboren wurden, sie geht von der Erde nach oben, durch die Füße und weiter nach oben durch das Chakra-System.

**Feuerzeichen:** Widder, Löwe, Schütze
**Luftzeichen:** Zwillinge, Waage, Wassermann
**Erdzeichen:** Stier, Jungfrau, Steinbock
**Wasserzeichen:** Krebs, Skorpion, Fische

## Goldheilung

Diese Methode eignet sich für Feuer- und Luftzeichen-Menschen. Sie bringt heilende Energie von oben durch die Chakren nach unten. Es ist, als würde man die Kraft der Sonne anzapfen.

### VORBEREITUNG

Man muss sich folgendermaßen auf diese Heilungssitzung vorbereiten:

- Es gibt ein achtes Chakra, das über dem Kopf sitzt, und von der Farbe Gold ist, wie eine kleine Sonne. Das ist der Ausgangspunkt.
- Stellen Sie sich vor, dass das Sonnenchakra in Größe und Intensität wächst, bis es wirklich leuchtet.
- Mit der Scheitelchakra-Öffnung sehen Sie einen großen Schacht aus goldenem Licht aus dieser Sonne, das in den Körper dringt.
- Lassen Sie das Licht Ihren gesamten Körper, einschließlich Ihrer umgebenden Aura und den Bereich unter Ihren Füßen füllen.

- Sie werden sich eines goldenen Glühens in und um Sie herum bewusst.
- Spüren Sie, wie das Licht Ihre Arme hinabläuft und sich in Ihren Händen sammelt, als ob es nicht warten könnte, seine Arbeit zu tun.
- Jetzt Sind Sie bereit, die Heilung zu geben.

## Heilungssitzung

- Ihr Klient soll, auf einem Stuhl mit dem Rücken zu Ihnen zu sitzen.
- Stehen Sie etwa einen Meter von Ihrem Klienten entfernt und halten Sie Ihre Hände zu ihm.
- Halten Sie Ihre Hände etwa fünfzehn Zentimeter auseinander, geben Sie die Heilkraft frei, die sich in den Handflächen sammelt, und lassen Sie sie zu Ihrem Klienten fließen.
- Wenn Sie sich der Blockaden in den Chakren Ihres Klienten bewusst werden. Konzentrieren Sie sich darauf, Heilung an das blockierte Chakra oder an einen anderen Teil des Körpers zu senden, der nicht in Ordnung zu sein scheint.
- Wenn Sie das Gefühl haben, genug getan zu haben, nehmen Sie Ihre Hände herunter und lassen Sie Ihr achtes Chakra wieder zur Ruhe kommen.
- Entspannen Sie sich und danken Sie den spirituellen Führern und Helfern.
- Waschen Sie sich die Hände.

## Grüne Heilung

Diese Methode eignet sich für Erd- und Wasserzeichen-Menschen. Sie bringt heilende Energie von der Erde durch die Chakren nach oben. In diesem Fall ist die Energie wie der Fluss des Meeres. Diese Heilung schaltet sich ab, wenn maneinen Klienten berührt, halten Sie daher Ihre Hände immer etwa fünfzehn Zentimeter vom Klienten entfernt.

### VORBEREITUNG

Man muss sich folgendermaßen auf diese Heilungssitzung vorbereiten:

- Die Energiequelle ist die Erde unten, also stellen Sie sich grünes Licht vor, das über die Chakren in den Fußsohlen in Ihren Körper eindringt.
- Lassen Sie das Licht Ihren gesamten Körper füllen, einschließlich Ihrer umgebenden Aura und über Ihrem Kopf.
- Sie können sich eines grünen Lichts bewusst werden, das Ihren Körper, Ihre Aura und über Ihrem Kopf erfüllt.
- Spüren Sie, wie das Licht Ihre Arme hinabläuft und sich in Ihren Händen sammelt, als ob es nicht warten kann, seine Arbeit zu tun.
- Jetzt Sind Sie bereit, die Heilung zu geben.

## Heilungssitzung

- Ihr Klienten soll in einem Stuhl mit dem Rücken zu Ihnen zu sitzen.
- Stehen Sie etwa einen Meter von Ihrem Klienten entfernt und halten Sie die Hände zu ihm.
- Halten Sie Ihre Hände etwa fünfzehn Zentimeter auseinander, geben Sie die Heilkraft frei, die sich in den Handflächen sammelt, und lassen Sie sie zu Ihrem Klienten fließen.
- Nähern Sie sich Ihrem Klienten und legen Sie Ihre Hände auf beide Seiten seiner Schultern, etwa fünfzehn Zentimeter entfernt.
- Führen Sie Ihre Hände auf und ab, um der Aura in seinen Armen und Schultern, grüne Heilung zu geben.
- Wenn Sie sich der Blockaden in den Chakren Ihres Klienten bewusst werden. Konzentrieren Sie sich darauf, Heilung an das blockierte Chakra oder an einen anderen Teil des Körpers zu senden, der nicht in Ordnung zu sein scheint.
- Heben Sie nun Ihre Hände, sodass sie auf beiden Seiten des Kopfes Ihres Klienten sind, und führen Sie sie dann über den Kopf, vermeiden Sie es, Ihren Klienten zu berühren. Wenn Sie den Scheitel erreichen, stellen Sie sich vor, dass das grüne Licht lila wird.
- Geben Sie weiter Heilung, bis Sie das Gefühl haben, dass Sie genug getan haben, treten Sie dann zurück und beenden Sie die Sitzung.
- Entspannen Sie sich und danken Sie den spirituellen Führern und Helfern.
- Waschen Sie sich die Hände.

❋ ❋ ❋

12

# CHAKRA-HEILUNG FÜR TIERE

Haben Tiere Chakren? Tiere haben Gefühle und wissen zu lieben. Darüber hinaus finde ich und viele andere Medien es oft einfacher, sich mit dem Geist eines Tieres zu verbinden, das verstorben ist, als mit einem Menschen. Tiere sind Gottes Geschöpfe und sie sind Teil unserer Welt. Für jeden, der auch nur das geringste Interesse an Spiritualität hat, scheint es offensichtlich, dass sie Chakren haben, genau wie die Menschen.

Alle Wirbeltiere haben eine Wirbelsäule, und dort findet man die sieben Hauptchakren. Bei einem Haustier wie einem Hund oder einer Katze ist es leicht herauszufinden, wo sich diese befinden, da sie sich mit den Körperorganen auf die gleiche Weise wie bei Menschen ausrichten. Wenn Sie sich jedoch Sorgen um Ihren Haus-Python machen, dann müssen eine Skizze der Schlange anfertigen und dann das Reptil mit auspendeln und die Chakren-Positionen auf der Skizze notieren. Während Sie das Pendel über den Körper der Kreatur führen, bitten Sie Ihre geistigen Führer, Ihnen zu zeigen, wo sich das Scheitelchakra befindet, dann das Stirnchakra und so weiter.

Die Aktivität der Chakren ist bei Tieren die gleiche wie bei Menschen, bis auf einen Punkt ...

## Wichtiger Hinweis

Konsultieren Sie einen Tierarzt, damit ein krankes Tier richtig diagnostiziert und behandelt wird, aber die Chakra-Heilung kann einen zusätzlichen Schub geben, der dem Körper der Kreatur hilft, sich selbst zu heilen. Darüber hinaus wird die zusätzliche Liebe und Aufmerksamkeit, die Sie dem Tier geben, ihm helfen, sich besser zu fühlen. Das gilt für ein Nutztier ebenso wie für ein geliebtes Haustier.

Wenn Ihr Haustier nur ein wenig daneben ist und Sie es nicht für notwendig halten, es zum Tierarzt zu bringen, können Sie wahrscheinlich herausfinden, welche der Chakren geheilt werden müssen.

## Sieben Hauptchakren

### BASISCHAKRA

So wie es beim Menschen geht es auch bei den Tieren um das Überleben. Es regiert auch das untere Ende des Körpers und die Nebennieren.

### SAKRALCHAKRA

Das Sakralchakra bestimmt die Fortpflanzungsorgane und das Sexualverhalten.

### SOLARPLEXUS-CHAKRA

Dieses Chakra ist mit den zentralen Organen des Körpers wie Bauchspeicheldrüse und Leber verbunden. Es bestimmt auch Willenskraft oder Mangel daran.

### HERZCHAKRA

Das Herzchakra beherrscht Lunge und Herz, aber auch Liebe, Zuneigung und Hass.

### HALSCHAKRA

Dieses Chakra befasst sich mit Kehle und Nacken und ermöglicht es dem Geschöpf, seine Bedürfnisse und Gefühle anderen Tieren und uns mitzuteilen.

### STIRNCHAKRA

Das Stirnchakra ist mit Intuition und Angst assoziiert, aber auch mit den Ohren und den Gesichtszügen.

### SCHEITELCHAKRA

Wenn das Tier die spirituelle Welt wahrnimmt, wäre dieses Bewusstsein in diesem Chakra zentriert sein; ansonsten bezieht es sich auf das Gehirn und Denkprozesse

## Schwache Chakren finden

Nehmen Sie ein Pendel und arbeiten Sie sich langsam entlang der Wirbelsäule deines Tieres, damit das Pendel ausschlagen kann, wenn es auf ein Chakra trifft, das zu offen oder falsch ausgerichtet ist. Dann bitten Sie das Pendel, zu reagieren, wenn ein Chakra blockiert ist, und geben Sie diesem mehr Heilung als jenen, die zu offen oder falsch ausgerichtet sind.

# Heilung

## Energieheilung

Man jede Art von Energieheilung bei einem Tier anwenden. Ich habe es gesehen, es funktioniert überraschend schnell.

## Kristallheilung

Legen sie entsprechende Kristalle in die Nähe der Chakren des Tieres, aber nicht so nahe, dass das Tier an sie herankommen und sie schlucken kann. Senden Sie dabei weißes Licht zu den Kristallen und zum Tier. Bleiben Sie beim Tier, während Sie die Kristalle verwenden, und wenn Sie fertig sind, legen Sie die Kristalle in einen Beutel und entfernen Sie sie aus dem Bereich.

## Ätherische Öle

Es ist keine gute Idee, ätherische Öle bei Tieren anzuwenden. Ob auf oder in der Nähe der Kreatur, in einem Diffusor oder als Räucherstäbchen verbrannt, der Geruch könnte das Tier irritieren und die Dinge verschlimmern.

## Magnettherapie

Magnete können sehr hilfreich für ein krankes Tier sein, besonders bei Rheuma. Binden Sie Magneten in eine Leine oder ein Zaumzeug oder legen Sie sie in die des Schlafplatzes, aber nicht so, dass es an sie herankommen und sie schlucken könnte.

* * *

## ANHANG: CHAKRA-VERBINDUNGEN

Hier ist eine Liste der Verbindungen und Entsprechungen für jedes Chakra.

| CHAKRA | BASIS | SAKRAL | SOLARPLEXUS | HERZ |
|---|---|---|---|---|
| POSITION | Basis der Wirbelsäule | Bauch zur Lendenwirbelsäule. | Vom Nabel zur Wirbelsäule | Mitte der Brust zur Wirbelsäule |
| HAUPTFUNKTION | Leben, Überleben | Kreativität, Emetionen | Energie, Kontrolle, Glaube | liebe, Beziehung, Respekt, Kreativität |
| KÖRPERREGION | Beine, Basis der Wirbelsäule | Fortpflanzungsorgane, Darm | Verdauung | Herz, Lunge, oberer Verdauungstrakt |
| DRÜSEN | Nebenniere | Eierstöcke, Hoden | Bauchspeicheldrüse, endokrine Drüsen | Thymus |
| SINN | Geruch | Geschmack | Sehen | Fühlen |
| VEDISCHER NAME | Muladhara | Svadhistana | Manipura | Anahata |
| ANDERE NAMEN | Wurzelchakra, rotes Chakra | Milz-Chakra, oranges Chakra | Gelbes Chakra, Nabelchakra | Grünes Chakra |
| ZAHL | Das erste Chakra | Das zweite Chakra | Das dritte Chakra | Das vierte Chakra |
| FARBE | Rot | Orange | Gelb | Grün |
| GESCHLECHT | Yang, männlich, positiv | Yin, weiblich, negativ | Yang, männlich, positiv | Yin, weiblich, negativ |
| TIER | Elefant | Krokodil | Schafbock | Wolf |
| LOTOSBLÄTTER | Vier | Sechs | Zehn | Zwölf |
| FORM | Quadrat | Mondsichel, Pyramide | Kreis | Kreuz |
| ELEMENT | Erde | Wasser | Feuer | Luft |
| PLANET | Mars | Mond | Sonne | Venus |
| STERNZEICHEN | Widder, Skorpion | Krebs | Löwe | Stier, Waage |
| MANTRA | Lam | Vam | Ram | Yam |
| MUSIK | Trommeln | Streicher | Klarinette, Horn | Flöte, Holzblasinstrumente |

| CHAKRA | HALS | STIRN | SCHEITEL |
|---|---|---|---|
| POSITION | Vom Hals bis zum Nacken | Mitte der Stirn über den Augen | Scheitel |
| HAUPTFUNKTION | Kommunikation | Wissen, Klarheit | Spiritualität |
| KÖRPERREGION | Hals | Kopf (Gesicht: Augen, Schädel) | Kopf, Zentralnervensystem (Gesicht: Kopf) |
| DRÜSEN | Schilddrüse, Nebenschilddrüse | Zirbeldrüse, Hypophyse | Zirbeldrüse, Hypophyse |
| SINN | Hören | Sehen | Eins mit dem Universum |
| VEDISCHER NAME | Vishuddha | Ajna | Sahasrara |
| ANDERE NAMEN | Lichtblaues Chakra | Drittes-Auge-Chakra,, Indigo Chakra | Violettes Chakra |
| ZAHL | Das fünfte Chakra | Das sechste Chakra | Das siebte hakra |
| FARBE | Himmelblau | Indigoblau | Violett,Lila, auch Weiß oder Gold |
| GESCHLECHT | Yang, männlich, positiv | Yang, männlich, positiv | Yin/Yang, männlich und weiblich |
| TIER | Adler | Vorfahren | Engel |
| LOTOSBLÄTTER | Sechzehn | Ein Kreis mit einem Blatt an jeder Seite | Lila Lilie oder viele Blätter |
| FORM | Schale | Davidstern | Lotos, Lilie |
| ELEMENT | Luft/Äther | Licht | Licht |
| PLANET | Merkur | Jupiter | Saturn |
| STERNZEICHEN | Zwillinge, Jungfrau | Schütze, Fische | Steinbock, Wassermann |
| MANTRA | Ham | Aum | Nnn |
| MUSIK | Gesang | Sakrale Gesänge und Musik | Stille |

# ZUSAMMENFASSUNG

Ich beende dieses Buch, wie ich es begann, das heißt, dass Sie gesunden Menschenverstand verwenden müssen und zu Ihrem Arzt, Zahnarzt, Osteopathen, Optometristen, Podologen oder was auch immer Sie brauchen, gehen sollten, wenn sie krank sind. Sie können die Methoden in diesem Buch jedoch verwenden, um Ihren Chakren einen Schub zu geben und Ihrem Geist, Körper und Geist bei der Selbstheilung zu helfen oder jemand anderem Hilfe und Heilung zu geben. Selbst im schlimmsten Fall, wenn jemand in Ihrer Nähe im Sterben liegt, wird ein bisschen Chakra-Heilung helfen, Seinen Übergang zu erleichtern. Es hilft auch den Hinterbliebenen, Heilung zu bekommen.

Ich fand es faszinierend, dieses Buch zu schreiben, und ich weiß, dass es doppelt so umfangreich hätte sein können, aber ich habe versucht, es auf nützliche, kostengünstige und leicht umzusetzende Methoden zu beschränken. Ich hoffe, Sie finden es hilfreich.

Alles Gute,
Roberta Vernon

# ÜBER DIE AUTORIN

Roberta Vernons Großmutter war dem Übersinnlichzugetan und liebte die Traumdeutung. Ihr Großvater mochte Numerologie und ihre Mutter war eine Amateur-Handleserin, daher ist es nicht verwunderlich, dass Roberta sich für esoterische Ideen interessierte. Sie begann schon in jungen Jahren mit dem Handlesen, kam dann zu Psychologie und Astrologie und ist von Chakren, Kristallen und verschiedenen Arten der Heilung fasziniert. Roberta lebt in London, England, sie ist verheiratet und hat Kinder und Enkelkinder. Ein weiteres Buch Robertas in dieser Reihe ist *In Focus: Palmistry.*

# BILDNACHWEIS

Illustrationen im Buchinneren von Terry Marks, ausgenommen:

1, 3 (Blumen) © Uladzimir Leshankou/Shutterstock; 7 © Tanya Kalian/Shutterstock; 13 © Irina Simkina/Shutterstock; 27 (unten) © handini_atmodiwiryo/Shutterstock; 29, 84 © Morphart Creation/Shutterstock; 30 © Marzufello/Shutterstock; 33 © Kseniakrop/Shutterstock; 35 © Katja Gerasimova/Shutterstock; 36, 107, 133 © Bodor Tivadar/Shutterstock; 39 © bygermina/Shutterstock; 40 © archivector/Shutterstock; 41 © mamita/Shutterstock; 44 © Supza/Shutterstock; 51 © mastapiece/Shutterstock; 54 © SHIK_SHIK/Shutterstock; 57 © VectorPot/Shutterstock; 58 © Jolygon/Shutterstock; 59, 106 © Christos Georghiou/Shutterstock; 62 (Körper) © AV-Art/Shutterstock; 76 (oben) © umnola/Shutterstock; 77 © Tilegen/Shutterstock; 83 © Elchin Jafarli/Shutterstock; 85 (unten) © antonpix/Shutterstock; 85 (oben) © designer_an/Shutterstock; 86 © Hibrida/Shutterstock; 87 © Yazmin Alanis/Shutterstock; 97 © Holly Mazour/Shutterstock; 98 © FotoHelin/Shutterstock; 99 © massmel/Shutterstock; 100 (Karnelian, Amethyst) © Coldmoon Photoproject/Shutterstock; 100 (Rosenquartz) © Albert Russ/Shutterstock; 100 (Bernstein) © ntv/Shutterstock; 100 (Bergkristall) © J. Palys/Shutterstock; 101 (Tigerauge) © olpo/Shutterstock; 101 (Sodalit) © optimarc/Shutterstock; 101 (Achat) © Roy Palmer/Shutterstock; 101 (Obsidian) © vvoe/Shutterstock; 101 (Jaspis) © aregfly/Shutterstock; 111 © Lavrentev/Shutterstock; 115 © geraria/Shutterstock; 124 © Nikki Zalewski/Shutterstock; 129 © Kseniya Parkhimchyk/Shutterstock; 130 © Danussa/Shutterstock; 135 © hadkhanong/Shutterstock.

# REGISTER